無限との衝突

COLLISION with the INFINITE

個人的自己を超えた人生

スザンヌ・シガール 著　採尾英理 訳

SUZANNE SEGAL

ナチュラルスピリット

COLLISION WITH THE INFINITE
by SUZANNE SEGAL

本書に登場する一部の人物の名前は、場合に応じて変更されています。

もくじ

無限との衝突
――個人的自己を超えた人生――

まえがき

在るのは唯一の現実《リアリティ》、唯一の真理、あなたや私の目を通して、今この瞬間じっと見つめている唯一の意識です。それはあらゆる客体の究極の主体であり、存在の根源です。その根源を成すのは、どう見ても客体のように思われるすべてのものであり、あらゆる具象がその根源の中で起こっては消え去ります。マイスター・エックハルトの言葉を借りれば、「私が神を見る目は、神が私を見る目である」ということです。それを仏性と呼ぶ人もいれば、空《くう》、あるいは真我と呼ぶ人もいて、あらゆる宗教がそれに注目し、それに近づくためのさまざまな方法を示しています。しかし秘伝の教えが明かしているように、それはマインドでは理解不能な説明しがたい神秘なのです。

真理を知りたいと渇望する分離した自己は、まず、あるがままに理解されなければいけません。すなわち、私たちはその神秘以外の何者でもないという認識に目覚める前に、永遠の存在物を持たずして強烈な印象を与える構成概念としての自己を理解しなければいけないのです。偉大な賢者たちは繰り返し言っていました。「探求者は探求される者。見る者は、自分の探している対象そのものである」。そこに他者は存在せず、それだけが在るのです！もちろん現在のところ言葉は役に立たないので、私たちはつかめないものを前にして畏怖の念を抱くしかありません。

いつの時代でも、少数の優れた人が現れては、揺るがぬ確信をもって真理を教えました。それは、「私たちの本質はそのつかめないものだ」という真理です。彼らは制限されたアイデンティティをことごとく超越し、他者を分離した存在、混乱した存在だとは決して考えないため、その性格上ティーチャー（師）の役割を受け入れるのを拒んできました。たとえば、南インドの偉大な聖者ラマナ・マハルシは、自分のもとに来る者すべてを聖なる存在、分離できない自己として迎え入れていました。本書は、その神秘と一体である私たちのアイデンティティを率直に示すもう一人の人物、スザンヌ・シガールを紹介しています。

ラマナ・マハルシと同じく、スザンヌの覚醒も唐突に、しかも心の準備もないままに起こりました。ある時バスを待っていると、スザンヌは何者でもなくなったのです。スザンヌ・シガールという個人のアイデンティティが瞬時に抜け落ち、二度と戻りませんでした。今あなたが手にしている自伝は、このアメリカ中西部出身の若いユダヤ人女性の驚くべき物語で、彼女がいかにしてその強烈な変容と折り合いをつけるに至ったか、この変容を病的なものとして考えようとするマインドの執拗な試みにどう対応したか、その体験がいかにして完全な自己覚醒に展開していったかを述べています。

私がスザンヌ・シガールと初めて会ったのは一九九二年のことで、彼女は私が心理療法を行っているオフィスに来て、もう十年も悩まされている恐怖心をどうにかしたいと相談してきました。個人のアイデンティティが消えてからというもの、彼女のマインドはそれを取り戻そうと四苦八苦したり（その奮闘は徒労に終わりました）、自分にはとんでもなく異常なところがあるという不吉な信念を生み出したりしていました。彼女は西洋心理学に答えが見つかるかもしれないと思い、博士課程まで修了して、その体験を理解しようと臨床心理学者になりました。私のところへ来る前にも、十人以上のセラピストに相談したそうです。彼らの意見は全員一致で、スザンヌは深刻な問題を抱えているというものでしたが、誰一人として彼女を癒やすことはできませんでした。

スザンヌは自分の不変の意識状態について説明し、それを聞いた私は、彼女が深遠な精神的目覚めを体験したのだと瞬時に確信しました。彼女にもそう伝えました。しかし理解できなかったのは、どうして彼女がそれほどの恐怖心を抱えているかということです。そこで私は、自分のティーチャーであるジャン・クラインに相談してはどうかと勧めました。彼はアドヴァイタ（非二元）の対話セッションを行うために、たまたま地元に来ていたのです。スザンヌは「私」の不在は異常事態だと思いこんでいましたが、ジャンはそれが異常どころか「完全な」存在状態なのだと断言し、彼女の恐怖心とどう折り合いをつけるかについて簡潔な提案をしました。その後、私は三年近く彼女に会いませんでした。

一九九四年十一月、スザンヌから電話があり、彼女のスピリチュアルな旅路を綴った自伝の編集を手伝ってほしいと頼まれました。原稿は、彼女の「空《くう》との衝突」とその後の日々について簡潔に述べたものでした。私は、要点だけが綴られたその原稿をより完璧に仕上げる手助けをすることに同意し、彼女の旅路をもっと詳細に述べるよう励ましました。特に、幼少時代とTM瞑想に携わった日々を詳細に書いてはどうかと提案しました。

スザンヌは、もう個人として自分を認識していなかったため、自分の個人的な人生について語ることには関心を示しませんでした。しかし私は、それを詳細に語ったほうが読者に伝わりやすいし、彼女の目覚めと、それと折り合いをつけようと奮闘したマインドの試みを理解してもらえるだろうと主張し、彼女はそのアドバイスに従うことにしました。そうして各章が完成していき、この自伝が本書の形に仕上がりました。

共同作業をしているうちに明らかになったのは、三年前、恐怖におびえながらオフィスに現れた女性が変容を遂げていたということです。私が目の前にしているスザンヌは恐れを知らぬ人、愛を放つ幸せそうな存在でした。スザンヌのスピリチュアルな知恵は、私がもっとも尊敬する禅やアドヴァイタの達人の知恵と同じものでした。私はまた、彼女がふつうの親しみやすい人で、偽りや野心をまったく持たないことに気づきました――その資質は、私が禅の修行をしていた時に学んだ、目覚めた状態を見分ける証となるものです。

私はスザンヌにお互いの時間を提供しあう気はあるかと訊き、彼女は同意しました。私が彼女の本に取り組んだ時間と同じだけ費やして、彼女が私のスピリチュアルな理解を明確にさせる手伝いをするという提案です。私は当時すでに何年も修養を積んで、存在の本質に関する数々の洞察を得ていましたが、これといった理由もないのによく不安を感じていました。不安が存在するのは自分のやり方が間違っているからだ――私は常々そう考えていて、そのせいで自分の得た洞察をその瞬間その瞬間の人生に活かせないと信じていたのです。私はこの不安さえなくなれば自由になれると推論しました。そこで不安をどうにかして振り払おうとしましたが、そうして悪戦苦闘すればするほど、その不安は頑なに根を下ろすように思われました。

スザンヌが私に気づかせてくれたのは、不安に意味はない、不安はそこに存在するだけだということです。不安が言い立てるストーリーを信じたりしないかぎり、そして不安に何らかの意味を見いだそうとしないかぎり、不安は私たちの本質を覆い隠しません。実際のところ、私たちの真のアイデンティティである無限の意識は、あらゆる精神状態や心の状態を含む森羅万象を内包しています。不安や怒り、嫉妬、悲しみなど、「ネガティブ」だと見なされる感情もそこに含まれ、私たちから成る果てしない海の中に漂う海藻のように存在しています。そうした感情が属する分離した自己など現れません。そもそも無限なるもの（私たちは皆、本質的に無限です）が本当に無限であるなら、そこに分離した自己など現れるでしょうか？

およそ半年後、私自身に大きな飛躍が起こったこともあり、私は自分の友人たちに会ってみる気はないかとスザンヌに提案しはじめました。スザンヌは何事に関しても「成るべくして成る」という考えだったので、私の提案に対しても「そう成る時が来ればね」という反応でした。ですから、私たち十人ばかりが友人宅でようやく集まることができたのは、一九九五年も終わりに差しかかったある日の午後でした。その後も集まりは何度も行われ、回を重ねるごとに参加者が増え、数か月後には何百人もの人が彼女の話と質疑応答を聴くために地元の教会に詰めかけるようになりました。

人々の関心はどんどん高まっていましたが、スザンヌはティーチャーと呼ばれることを嫌がり、自分のことを「私たち全員に自然に起こっている状態を説明する者」と称しました。私たちが自分のことをどう考えようと、あるいはどれだけ誤って自分をイメージしようと、現実において私たちは存在自体の根源なのだ――スザンヌはそう語り、その根源を「広大さ」と呼んでいました。それは万物が成している無限なる実体で、その内に森羅万象が存在しています。この広大さは特定の人に属するものではありません。そもそも、それが属することができるような分離した自己など存在しないからです。

私は雑誌『ヨガジャーナル』の編集長を十年間務めていたため、スピリチュアル・ティーチャーと自認する人たちに対して、理にかなった懐疑的態度を取るようになっていました。そんな私が、編集者、アドバイザー、友人として、スザンヌと何十時間も過ごした結果、自信をもって言えるのは、このすばらしい女性——ティーチャーでもグルでも聖人でもない彼女が、本書で述べている通りの人だということです。ホームには本当に誰もいません——誰もいないそのホームで、無限なるものが明かされるのです。

スザンヌはユニークな語り口で、私たちの非二元的本質に関する永遠の真理を述べています。彼女のユニークな表現力がなければ、その真理に惹かれることもなかったであろう数多くの人たちに、本書は届くのではないでしょうか。私はそう信じています。そして、この小ぶりな作品がスピリチュアル本の傑作となる運命にあると考えています。本書を生みだす一員になれたことを、とても嬉しく思います。

ステファン・ボディアン

一九九六年六月　カリフォルニア州ミルバレーにて

イントロダクション

スピリチュアルな変容を探求する西洋人は、それぞれのストーリーを共有して互いに助け合わなければいけません。私たち西洋人は、東洋人とは違う形でスピリチュアルな体験に遭遇するため、自分たちの変容のストーリーを集めて、スピリチュアル分野で西洋式の手引きとなる新しい「古文書」を生みだす必要があるのです。先人たちのストーリーは道を示し、その後、その進路に従って新たな道標が築かれてきました。それは道路と同じです。私たちが道路のイメージは完全に頭に入っていると考えているそばから、ガソリンスタンドや信号、スーパーなどが新たに建てられていきます。そうして私たちは、新たな道標を頭に入れ直して、自分がどこにいるのか把握する必要があるというわけです。

本書でお話するストーリーは、そうした近代版古文書への私なりの貢献です。個人のアイデンティティが完全かつ修復不可能なまでに砕け散り、私が個人としての「自己」と呼んでいたすべてが剝がれ落ちて、永遠に消えてからの十四年間についてお話しています。この深遠な変容については、東洋のスピリチュアルな文献の数々にて述べられてきました。しかし私は、自分の文化的信念や育った環境、価値観、恐怖心のせいか、その変容をきわめて西洋的な形で体験することになりました。その体験はかつて想像していたものとは全く異なっていたため、その衝撃を受け入れるのにたっぷり十年はかかりました。その間、私は似たような体験に関する文献はないものかと数々の書物にあたりました。この「私の不在」という全くつかみどころのない空《くう》に反応して、マインドはもっとも困難で恐ろしい時間を過ごすことになったため、私はその大変な時期を乗り越えるヒントになりそうな文献を探しましたが、何も見つかりませんでした。個としての自己の不在が想像もつかない形で前面に躍り出る……そんな体験をする運命にある人たちのために、手がかりと仲間を与えたいという願望から本書が生まれました。

無我の体験は個人史を中断させ、数々の出来事と関係する「個人」を永遠に失わせます。個人史は著者不在の、個人的な意味合いを持たない出来事だけのストーリーという形でのみ残ります。そのストーリーはもはや誰にも属さず、そこには「私」に関する言及もありません。

西洋においては、社会で適切に役割を果たしていくためには、個としての自己が必要だと考えられています。つまり、一人の人間のあらゆる側面を結びつけて存在するのは自己だという考えです。自己がなければ、愚かな存在、あるいは狂気の存在に成り果てると信じられているのです。そのどちらも、真理への目覚めという考えからはほど遠いものです。

西洋人である私たちは、個としての自己が空《くう》であると明かされる可能性を考えると、どうしても恐れてしまいます。とりわけ西洋では、個としての自己に大きな価値観を植えつけられるからです。本書では、個人としての基点を持たずに一瞬一瞬を生きている状態について述べていますが、そうした状態が決して非機能的な状態ではないことを明らかにしています。この「個としての自分を超えた人生」の物語は、先人たちが述べてきた物語の近代版ですが、その先人たちのものには欠けている「個としての自分を超えた人生の旅路そのものの経験談」を加えました。もし彼らがその旅路の経験談を語っていたとしても、それは本書とは大きく異なるものでしょう。なぜなら、彼らはその経験を軽んじたり病的なものとして見なしたりするどころか、それを歓迎する文化に暮らしていたからです。

「私」が消える前の「私」に関するストーリーを本書に加えることにしたのは、編集者からの提案があったからです。しかし、個としての自己が剝がれ落ちる前のスザンヌ・シガールという人間について書くのは困難でした。なぜなら、その人生のストーリーは、もはや存在しない人物のフィクションだからです。本書を書いているのは、個人のアイデンティティを失いながらもストーリーの記憶を留めている人間で、そのストーリーは従来持たれている目覚めに関する伝統的概念とは一致しません。実のところ、目覚めは伝統的概念と一致しないことがあるという認識こそ、この人生を通してお伝えできるもっとも重要なメッセージの一つなのだと思います。

スザンヌ・シガールの物語を読んだからといって、自己が抜け落ちる「原因」となった幼少時代の出来事が見つかるわけではありません。そこには直線的な因果関係などないからです。ですから、その原因を探す目的で本書を読むという過ちを犯さないでください。私たちの文化における西洋心理学には、大きな影響力があります。私たちの多くはその影響を受け、人間のあらゆる経験の原因は幼少時代にあり、連続する経験のどれをとっても心理学的理論で説明できると信じるようになりました。しかし、過去の出来事からわかるのは個人的なこと（個としての自己）であって、非個人的なこと（普遍的自己）ではありません。本書を読んでいただく際に不可欠なのは、「還元主義的なカテゴリー化」や「病気を特定しようとする心理学的傾向」を取り払った広大な意識です。

もう一つ覚えておいてほしいのは、言語の形式上、もはや個人的な経験ではないものを個人的な代名詞を使ってお伝えするしかない、ということです。本書に出てくる「私」は、実のところ誰のことも指していないのですが、「私が」「私に」「私の」といった言葉を使わずにストーリーをお伝えすることはできません。すべてを内包する神秘は広大無辺です。

第一章　幼少期から青年期

私たちの名が取り囲んでいる世界の奥には、
名もなき世界がある

――ライナー・マリア・リルケ

私はよく自分の名前を使って瞑想していました。七歳か八歳頃でしょうか、居間にある白いソファの上であぐらをかいて目を閉じ、自分の名前を繰り返し唱えていたのです。私の名前は唱えるたびにマインドの中でこだまし、途切れなく強い調子で流れ出ていました。私の名前。私そのもの。何度も何度も唱えていると、やがてその調子は弱まり、ある境界値を超えるまで繰り返していると、その名前の持つアイデンティティが崩れていきます。まるで船が係留所から急に放たれて、あてもなく海の波に漂うかのように。そして広大さが姿を現します。名前は、広大な空《くう》の中で鳴り響く音の集まり、一つの言葉でしかなくなります。その名前が示す個人がいなくなり、その名前の持つアイデンティティも失われます。誰もいなくなるのです。

　すると不安が頭をもたげ、心臓の激しい鼓動が聞こえ、私は空気を求めてもがき、胸が不安でぎゅっと締めつけられます。私は瞑想をやめ、ソファから降りて歩きまわり、その広大さから自分を強引に連れ戻し、名前の持つアイデンティティに返っていきます。小さな子には耐えきれないほどの恐怖です。それでも私は、時間が経つとソファに戻り、また座って名前を唱えはじめていました。

　何が私にそうさせたのか、そもそも瞑想をしようという考えがどのように起こったのか、私には一生かかってもわからないでしょう。しかし、幼い子どもだった頃の日々の習慣の最中に起こっていた、個人のアイデンティティが抜け落ちる出来事、「私」の崩壊は、準備段階でしかありませんでした。それは、やがて私の不変の現実となった、深遠で永遠なる状態への序章だったのです。旅がはじまったのは、その名前が剝がれ落ち、代わりに広大無辺な空《くう》が現れた時でした。ここからストーリーがはじまったのです。

　私は二番目の子で、一人娘です。両親はこの国に移民としてやって来ました。父は五歳の時に、母は二十八歳の時に移住してきたそうです。二人とも人生にわたって厳しい苦労をしてきました。特に母は、長期にわたる人間の残虐行為を目撃した人に特有の、深刻な憂いを醸し出していました。ホロコーストの生存者である母は、悲しみを背負いこんでいたのです。その悲しみはあまりにも深く強固なものだったため、時間では決して癒せませんでした。

一方の父は外面を強化することで、幼い頃の困難を乗り越えました。そのやり方が役立って、父は自分の業界ではもっとも成功したビジネスマンの一人になります。父の世代は、正式な教育をほとんど受けずに、並外れた物質的成功を収めた移民世代です。独立独歩で生きる父は、そんな移民世代から頭角を現しました。自分の帝国を築こうと乗り出し、それを成し遂げたのです。そして、自分の理想にかなう才色兼備の女性を選び、プロポーズしました。それも出会ってから二週間後です。母はイタリアからこの国にやって来たばかりでした。戦時中、母はポーランドの労働収容所から逃れてイタリアに住んでいたのです。

四歳の時、私はどうしても字を覚えたいと思っていました。母と公共図書館に行くと、いつも児童書コーナーで華やかな色彩の大型絵本を膝の上で開き、何時間でも座っていました。余白にならぶ黒い文字列を眺めながら、ありったけの集中力をページに注ぎ、その文字列の謎を読み取ろうとしていたのです。二、三の単語を理解していたので、その単語を見つけるたびに喜びの瞬間を味わっていました。

私は大型の物語本を何冊か持っていました。子ども向けのキャラクターが出てくる、そのツヤツヤしたお気に入りの本を、一日に何度も母に読んでもらっていました。母の膝に座って、物語を聞きながら注意深く文字を追い、一つ一つの単語を記憶して、どのタイミングでページをめくるかを覚えます。母の友人が遊びに来ると、私は喜び勇んで彼らに本を「読んで」聞かせていました。できるだけ大人っぽい声で読み、絶妙なタイミングでページをめくります。両親が大きな集会を主催する時は、キッチンから小さな椅子を運んできて上に立ち、暗記していたストーリーを朗読しました。数々のストーリーを知っている自分、物語を暗唱できる自分に大きな満足を覚えていたものです。今でも両親の友人たちに会うと、彼らは必ず、フリルのついたパーティドレスと革靴を身に着けた私が、キッチンの椅子の上に立って物語を暗唱していた頃のことをぼんやり思い浮かべるようです。

私は母から悲哀だけではなく、不安も受け継ぎました。小さな頃、私は母が出かけるたびにおびえていました。あまりの恐怖に、私は母の声だけでも聞きたいと思い、よく電話をかけて父と母が何時に帰ってくるのか訊いていました。そして私道に面した窓のそばに立ち、まるで寝ずの番をするかのように、暗闇を見つめながら両親の帰りを待つのです。我が家の車が私道に入ってくるのを確認できるまで、ベッドに向かいませんでした。何世代にもわたる不安を母から引き継ぎ、私は母への愛情がゆえに、その不安を深い考えもなく背負いこんでいたのです。そうすることで、母の重荷のような不安を和らげることができると思っていたのかもしれません。

高校時代、母は私の交友関係について、常に気を揉んでいました。私に悪影響を与える「良からぬ連中」とつき合っていると思いこんでいたからです。確かに当時私がつき合っていたのは「革命児」的な人たちでしたが、私はいつも彼らの観察役に徹し、母はそのことを理解していませんでした。私は一九六〇年代後半から一九七〇年代前半にかけて見られたカウンターカルチャーに染まることなく、それを観察していたのです。友人たちは人生で起こるあらゆる出来事に恐れず飛び込んでいましたが、私はあまりにも不安にとらわれていたので、何もせずただ見ているだけでした。

私が十五歳の時、母は自分の叔母と一緒にイタリアへの旅に出かけました。戦後、母がそこから逃れるのを助けてくれた人たちを訪ねるためです。旅行中、母は悲しみの嵐に襲われて深いうつ状態に陥り、帰国後に精神科病院で十日間の入院を余儀なくされました。母の入院中、私は家族の「世話役」を引き受け、父と兄弟二人の面倒を見ていました。その時、私と母は役割交代をして、二度ともとの役割に戻ることはありませんでした。母の退院後も、彼女に用事がある時はいつでも私が運転をして、買い物を手伝うなどしていました。学校から帰ると、家族の用事にもつき合いました。

一方で、私はこの生活パターンに反発するようになり、怒りや将来への焦りに駆られて、嵐のような思春期を過ごすことになります。この爆発寸前の状態に加え、世間では文化的な面でも大変動が起こっていたため、私は不安やら何やらと一緒くたになって、探求の旅に駆り立てられることになりました。それは、自分の中で血液のように循環している悲しみから逃避し、癒しを探し求めるための旅でした。

高校を卒業した夏、私はアウトドア活動の短期スクールに参加するために、ワイオミング州の山へ向かいました。高校生活は、四年間にわたる不安と混乱と試行錯誤を私にもたらしました（思春期の人にとっては珍しくない経験です）。私が住んでいた郊外の環境は息苦しく思われ、私の繊細な面を抑えこんで、漠然とした自由への渇望を押しつぶそうとしていました。そうしたわけで、私はウインド・リバー・レンジの大自然の中で六週間過ごすプログラムに申し込みました。参加者は二十人ばかりの若者たちで、大人のガイド四人と山麓地帯でハイキングやキャンプを行います。私たちはサバイバル技術や急流渡り、大地に敬意を払いながら歩む方法などを学びました。

私は広大さに憧れていました。身近に感じながらも、この世ではまだ体験したことのない、広大無辺を体験したいと思っていたのです。そして私は、それを山暮らしで発見しました。毎夜、参加者たちが寝静まっている間に、私は果てしなく広がる夜空の下でキャンプ場を歩き回っていました。夜の広がりに信じられないほどの感動を覚えます。私が沈黙と再会したのは、まさしくその山の中でした。初めて沈黙と出合ったのがいつだったかはわかりませんが、私は沈黙のプレゼンスとじっくりと向き合いたい、それとの再会を祝いたいと思っていました。沈黙は、私の初恋相手でした。

十八歳になると、私は瞑想をはじめました。レイクフォレスト大学での一年目を終える頃です。実家からそれほど遠くない小規模なその私立大学を選んだのは、「実家からあまり離れない」という母との暗黙の了解があったからでした。

春休みになり、兄のダンから超越瞑想（Transcendental Meditation：以下ＴＭ）の話を聞きました。それは一九七三年のことで、ＴＭは大学生の間で大きな注目を浴びていました。ビートルズやドノヴァンがインドのマハリシと過ごしたことが世間に広まり、マハリシ特有のスピリチュアルな瞑想法を大学生世代に宣伝することにつながったのでしょう。レイクフォレスト大学から一番近いＴＭセンターは、エヴァンストン市のノースウェスタン大学キャンパス近くにある小さな建物でした。エヴァンストン市はシカゴのすぐ北に位置します。

ある春の日の爽やかな夕べ、私はＴＭセンターの入門クラスに行きました。指導員は二人の背の高い若者で、彼らはその年齢にも時代にもそぐわない格好――スーツにネクタイ、ウイングチップシューズを着用していました。彼らは落ち着いた静かな口調で、瞑想の効果、それを立証する科学的調査、瞑想法を学ぶためのプランと費用について話しました。私はその夜、次の土曜朝から行われるコースに登録しました。当日は、新鮮な花といくつかの果物、清潔な白いハンカチを持参して九時にセンターに来るように言われました。

その日、少し早めに着くと、必要事項を記入する書類を渡されました。指導員が私のために選んでくれるマントラに必要な情報だそうです。待合室で待っていると、指導員のロスから小さな寝室に呼ばれました。いかめしい表情のインド人男性が虎皮の上であぐらをかいている写真が、大きな額に入れられて祭壇に飾ってあります。持参した花と果物とハンカチが、祭壇に置かれた小さな籠におさめられ、ロスがそこから一本の花を選んで私に無言で手渡しました。私は静かに彼の横に立ち、花を手にして、写真のいかめしい男の目を見つめていました。ロスが残りの花を取り上げ、そのうちの一本を小さな真鍮《しんちゅう》のボウルに浸しました。ボウルの中身は水のようです。ロスが美しい旋律でサンスクリット語の歌をうたいだしました。彼はこちらをチラリとも見なかったので、私はただ観察しながら待っていました。瞑想の時間になったら、きっと教えてくれるはずだわ。

四、五分うたうと、ロスは足元に置いてあった長方形の真鍮皿に花と果物とハンカチを順番に並べて写真の男に捧げました。それぞれの捧げ物に特有のチャント（詠唱）があるようです。すべてを捧げ終えると、ロスは祭壇の前で膝をつき、しばらく額を床につけていました。そして立ち上がり、私の方を向くと、サンスクリット語でうたいました。先ほどのチャントの一部のように聞こえましたが、すぐに私はそれが自分のマントラだと気づきました。彼は厳かに私を見つめながら、自分に合わせてマントラを繰り返すように促し、通常の調子でそれを繰り返しました。私がそれをリピートすると、彼は頷いて、後ろにあった椅子に腰かけるよう身振りで示しました。

私が声に出してマントラを繰り返していると、彼は少しずつ穏やかな調子に変えていきなさい、最後は声に出さずに唱えるようにと言いました。私は目を閉じて瞑想をはじめました。数分後、気持ちが落ち着いてくるのがわかりました。もう数分経つと、これからはずっと瞑想を続けようと思いました。椅子に座って、そのサンスクリット語の言葉を心の中で唱えていると、私は愛する沈黙の抱擁に優しく包み込まれていました。

大学一年目が終わりに差しかかると、私はどこか落ち着かない気分になり、この慣れ親しんだ郊外での生活から離れる時が来たと思いました。そこで私は、ワシントン州オリンピアにあるエバーグリーン州立大学に転入することにしました。その大学では、国から認可された教育システムに六十年代のビジョンを織りこんだ、画期的なプログラムを試験的にはじめたところでした。私はその大学で信じられないほど解放されました。目を見張るほどの美しい自然に囲まれた環境で、気の合う人たちと過ごすことが、大きな自由を与えてくれたのです。新しい友人たちは共通の理想と若者らしいエネルギーにあふれ、その理想とエネルギーがもたらす無限の可能性に舞い上がっていました。私はそこでＴＭ指導員のダンと出会い、その友人関係をきっかけにして、スピリチュアル世界の驚異的な神秘に慣れ親しむようになりました。

やがてダンは私の一番の親友となり、初めてのスピリチュアル仲間になりました。彼は説明のつかないものや超越したものへの胸の高まりを教えてくれました。私たちは沈黙をわかちあう仲間で、夕暮れの散歩に出かけては、キャンパス周辺のシダの生い茂った草深い森林の中を歩き回り、うっとりするような静けさに酔いしれていました。

ある夜更けのこと、私たちは散歩に出かけました。辺りは漆黒の闇で、星々でさえ厚い雲に隠れていました。森林に足を踏み入れると、ダンが右腕を前に伸ばして、左から右へ振り払うような動作をしました。すると、空気中の分子一つひとつから放たれる微かな光で足元が照らされました。植物も内側から柔らかな輝きを放ち、私たちが森林奥深くへ歩を進めても、その輝きは絶え間なく続いていました。私の驚きに気づいたダンが、温かい表情でこちらを見て言いました。

「スザンヌ、この光はいつも僕たちと共にあるんだよ、すべての生命に宿っているんだ。だから僕たちは決して暗闇にはいない。周囲が夜のように見えてもね。君が見ている世界は、見たままの世界じゃないということを忘れないでほしい」

「でもダン、さっき何をしたの？　あなたが何かをしたから、すべてが輝きだしたのでしょう？」

「僕が何かをしたからじゃないよ。あらゆる瞬間に在るものを見せただけなんだ。それに気づくには、注意を向けるだけでいい。僕が生みだしたんじゃない、ただ君がそれに気づくように示しただけなんだ」

第二章　超越フィールド

私が何をしているか、自分でわかっていると思うのですか？
たとえほんの一瞬でも、
私が私自身に属していると思うのでしょうか？
ペンが自身で何を書いているか承知していないように、
あるいはボールが自身の向かう方向を推量できないように、
私は自分のことをわかっていないのに

——ルーミー

クリスマス休暇になり、私はレイクフォレストから目と鼻の先にある大学で瞑想リトリートに申し込みました。その頃には瞑想をはじめて八か月ほど経っていて、私は瞑想中に起こる深遠な体験や、ダンからの影響により、スピリチュアル世界への親近感をより一層深めていました。兄も友人のリックを連れてリトリートに参加しました。

私は、そのリトリートで初めて強烈な超越フィールドを体験しました。それは話に聞いていた体験のいかなる部類にも当てはまらず、その後おなじみとなる歯がゆさを私に教えてくれました——どれだけ熱心に、そして善意でそれを解説しようとしても、表現するすべがない歯がゆさです。

私がそれまでに聞いていた超越体験に関する説明は多岐にわたり、時間が一時停止しているような、思考と思考のすき間だという人もいれば、マントラが消えていく静寂の瞬間だという人もいました。それを「思考の源」だと説明する人もいました……それがどういう意味なのかはさておき。しかし、私の恍惚状態のマインド内で起こった体験と一致する説明は、聞いたことがありませんでした。私は巨大な磁石のような凄まじいパワーに引き付けられ、計り知れない速度で光のトンネルに引き込まれたのです。それと同時にトンネル自体が轟音を立てながら究極のスピードで拡大し、その音が耳をつんざくような爆音へと高まる中、無限なるものが光の中で炸裂していました。その炸裂の瞬間が境界値を超えた印でした。あっという間に見えざる猛火がすべてを飲みこみ、あらゆる事象をひっくり返しながら、万物の内面、すなわち空《くう》をあらわにしました。

それはリトリート初日の朝、瞑想をはじめて三時間近く経った頃でした。私は目を開け、酔っ払いのようにフラフラ立ち上がって歩きましたが、肉体の感覚がありません。世界が違って見えました。固体だった物質が透明になり、静かに輝いています。

私は起こったことを兄とリックに話しました。声を出すのも一苦労で、唇からこぼれ出る言葉の一つひとつが互いにぶつかり合い、空気中に投げ出されながら意味を成そうとしています。兄もリックも言葉を失っていました。私は少し茫然として見えたようです。瞑想のやり方を間違ったのでしょうか……指導員に話しておいた方がいいかもしれません。

私は指導員の一人を脇に呼んで、その体験を話しました。彼は私を見て静かに微笑みました。彼の顔に目の焦点をしっかり合わせられません。彼が口を開くと、その上下する唇から光が輝き出ているように見えました。まるで木々の梢からさんさんと降り注ぐ日差しのようです。彼いわく、瞑想中は何にも傷つけられることはない、そして瞑想中に起こる出来事はどんなものでも喜ばしい出来事なのだ、とマハリシは教えているそうです。彼は微笑みながら穏やかに言いました。「至福を味わってください」。「至福」という言葉を聞くと、その時の気分を表すのにもっとも近いであろう唯一の言葉を歓迎するかのように、気づきのそよ風が私の中を吹き抜けました——至福。そうだわ、これは至福の感覚。

私の認知モードが通常のパターンから外れてしまっていました。物体に対して個別に焦点を合わせられなくなったのです。物体と物体の境界が背景と化し、そこを光が占めていました。その輝きはあまりにも強力だったため、視界に入るものすべてが光り輝く大きな塊に溶け込んで見えました。

リトリートは続き、私はスケジュール通りに瞑想をしたり、マハリシの講義の録音テープを聴いたりしていました。知覚をともなう何でもない瞬間の経験——たとえば椅子に座る、部屋を見回す、話す、微笑む、呼吸する、考える、といった経験がすっかり様変わりし、私はそれに喜びを見いだしていました。その知覚変化はおよそ数週間続き、やがて気づかないほどゆっくりと薄らいでいきました。境界、区別のある世界が、私の知覚フィールドにおける景色として戻ってきたのです。

このリトリートが神秘世界への私の就任式となり、思春期の倦怠感から私を連れ出し、至福への扉をくぐらせました。さらに素敵なことに、私とリックは恋に落ちました。私たちは月夜に浮かれ騒ぐ猫さながらに、夜明けが来るまで踊り、調子はずれに歌いました。リックは愉快な男性で、温かく、才能豊かで、スピリチュアリティへの関心と感情の深みがありました。自由気ままに恋愛を楽しもうとする彼のその態度に、私は不安と高揚感の両方を味わいました。ロマンティックな恋愛の嵐に初めて見舞われたのです。私たちの関係は二人の瞑想習慣とうまくあいまって、物質世界と精神世界の両方におけるパートナーとしての絆を固めました。

瞑想の指導者になるという決断は、二人にとって当然のことのように思われました。それ以外の道なんて考えられるでしょうか？　私たちはその学年度を終えてから一年休学することにして、八月から始まる半年間の指導者養成コースに参加することに決めました。兄のダンも同じくＴＭをさらに探求しようと思っていたので、一九七四年八月、私たち三人は目を輝かせた約百名のアメリカ人瞑想者たちと共に、ＴＭ指導員のトレーニングを受けるべく、北イタリアの山地へ向かいました。

ＴＭ協会は、イタリアはリヴィーニョの高地にある、素敵な村のバケーションホテルを借りていました。そこでは、この「聖なる教え」を快適に学ぶための環境がすべて整えられていました。私たちは午前と午後に五時間ずつ、瞑想とヨガアーサナとプラナヤーマをセットにした「ラウンディング」を行うよう指示されました。一ラウンド終わらせるのに約一時間かかり、毎日十ラウンドから十二ラウンド行うことになっています。

私たちは、コース中に重大な決断をしないよう厳重に注意を受けました。集中して瞑想を行っていると、「ストレスが和らぐ」からだそうです。私たちはいつも、そのストレスが和らいだ状態を半ば恐れ、半ば冗談のネタにするようになりました。マハリシが何度か私たちのところへ来る予定になっていましたが、結局、私たちが彼に会えたのは一度だけでした。それはトレーニングの最後の時で、彼は指導員としての私たちにイニシエーションを行い、マントラを授けるためにやって来ました。そのマントラは、私たちが自分の生徒にイニシエーションを行う時に使うものです。

マハリシ流のトレーニングは厳しいものでした。彼はすべてを一言一句違わぬよう記憶することを私たちに求め、その言葉遣いも、標準的なアメリカ人の話し方というよりは、英語を話すインド人の話し方に近いものがありました。「それは好ましいですか？ それは容易《たやす》いですか？」といった具合です。マハリシは自分の教えが都合よくアレンジされるのを好まず、その純正さを損なうような脚色は一切許しませんでした。そのため、マハリシが自身の教えのあらゆる側面を伝えるために選んだ表現や言葉遣いを、私たちは忠実に繰り返し読みました。将来の生徒たちに教える瞑想をしつこく確認していたので、その言葉遣いが夢に出てくるほどでした。

長時間の瞑想によって記憶力に支障をきたす人たちもいましたが、私たちは大体において若くて粘り強い集団だったので、精神力を段階的に弱める襲撃にも耐えることができました。しかし中にはトレーニングの激しさに音を上げる人たちも数人いて、私は彼らとコースリーダーの間で交わされた痛ましいやり取りを何度か目撃しました。リーダーたちは、ストレスが和らいでいる兆候がいくつも見られる者はこのトレーニングを終えるのに適さないと考え、コースから外そうと決めていたからです。

「天使の声」が聞こえるようになったある女性は、コースリーダーの部屋の隣に移され、瞑想時間を一日わずか二十分までに減らすよう言われました。その後、彼女はコースから脱退するよう指示されました。怒り狂った彼女は、その決定についてマハリシと直接話し合いたいと求めましたが、その要求は却下されました。彼女の部屋の前に監視員が置かれ、彼女は部屋から出ることもコースの誰かと話すこともできなくなりました。叫び声や興奮した泣き声が彼女の部屋から聞こえてきましたが、私たちが彼女と顔を合わせることは二度とありませんでした。コースリーダーから知らされた唯一の情報は、「彼女は大丈夫で、家族の一人が迎えに来た」ということでした。

ちょうどマハリシがやって来る少し前、コースも終わりに差しかかった頃のことです。ある若い男性が深刻な妄想に取りつかれるようになりました。彼はホテルの廊下を歩き回り、出入り口から飛び出しては、「共産党員が陰謀を企てている、スパイが望遠鏡で自分の部屋の窓をのぞいている、部屋に盗聴器が仕掛けられている」などと喚き立てていました。マハリシがホテルに到着すると、その若い男性はマハリシとの接触を試み、ホテル内に潜む危険について警告しようとしました。マハリシは黙って彼に微笑みかけ、ピンクのバラを手渡しながら、彼を自分に近づけないよう、コースリーダーに身振りで示しました。その男性のコース脱退がすぐさま決定しました。正直に言うと、私たちは彼のことを心配しながら、あんなことが自分に起こりませんようにと心の中で祈っていました。

今になって思えば、あれだけ何時間も瞑想して、明らかに強烈な修行に自らを晒しながら、もっと多くの参加者が「問題を起こさなかった」のは、驚異的なことなのかもしれません。参加者同士で自分のストレスが和らいだ状態について多くを語り合うことは、決してありませんでした。そんな話を誰かに聞かれたり、誤解されたり、コースリーダーに報告されたりしたら大変、と全員が本能的に猜疑心を抱くようになっていたからでしょう。やがて私たちは互いへの不信感が募りつつあることに気づきましたが、その状況がいかに深刻であるかは、決して認めようとしませんでした。

私に関して言えば、周囲の状況をあまり深く考えないようにしていました。自分の学んでいることが楽しく刺激的だったので、古《いにしえ》の知恵に浸りながら聖なる教えの仲間入りをしていることを誇らしく感じていたのです。それに私はまだ二十歳でした！　周囲の騒動に対する不安から目をそらしてさえいれば、想像しうる限りの完璧な毎日を送っているように感じられました。

「ラウンディング」を実践していた数か月、瞑想中に私が体験していたものには、荘厳さと恐ろしさが入り混じっていました。不安のこもった熱い息が体内を焦がし、骨の髄まで震わせ、私はそれに馴染みつつ、ある一方で畏怖の念と恐怖を味わっていたのです。至福が私を見放しました。瞑想のために目を閉じると、すぐに広大さが現れます。境界値を超えて無限へと引き込まれる感覚は、瞑想を行うごとに急速に訪れるようになり、私は自分をとどまらせるために用心しながら瞑想するようになりました。超越フィールドの空《くう》に足を踏み入れる瞬間を恐れていたからです。もう戻ってこれないのではないか。私はそうなることを恐れ、数日後にベッドに横たわって空《から》になった自分の肉体を誰かが発見することになるかもしれない、と不安に思っていました。「誰か一緒に行ければいいのだけれど」。私はひそかに考えていました。「それなら、ここまで恐くないのに」

これが本当に通常の瞑想の一環だとは思えず、その体験があまりにも強烈だったため、私は自分が危険な領域にいるのではないかと心配しました。このことについてマハリシに訊いてみようと決意しましたが、その疑問を投げかける機会がくるまでに一年かかりました。その間に不安はどんどん大きくなり、まるで荒れ狂う寄生虫のように私の中で巣くっていました。私が知る限り、そうした体験をして恐怖と闘っているのは自分だけだったので、それがまた私の不安を掻き立てていました。

マハリシは言っていました。瞑想を六年から八年続ければ、確実に悟りを開けるでしょう、と。目覚めの道標として私たちが体験するであろう状態を、微に入り細にわたって説明もしていました――意識が統一意識《ユニティ》のワンネスへと解放されたことを示す道標です。マハリシによると、悟りは三つの顕著な段階を経て訪れるそうです。一つ目の段階は、目撃者によって明らかにされる段階、宇宙意識です。その目撃者は、あらゆる事象と分離したまま観察しているawareness（気づき）で、起きて寝て夢を見るというサイクルには惑わされません。目撃者は、肉体とマインドが眠ったり夢を見たり活動したりしている間でさえも「目覚めたまま」なのです。

二つ目の段階は神意識です。この段階では、現れている世界を神聖さに輝く世界として知覚します。それでも、「私」と「他者」の間にある分離は消えません。この段階になると、分離して抑揚のなかった目撃者が「神の意識」の中で消えていきます。神の意識は、神聖な愛にあふれた荘厳な知覚領域です。

最後の段階は統一《ユニティ》意識です。統一《ユニティ》意識ではありとあらゆる分離が消え去り、意識が拡大して森羅万象を包み込みます。この統一された状態はいかなる二元性も認めず、ワンネスの純粋さに満たされています。究極かつ完璧な状態です。統一《ユニティ》意識には師《グル》なしで到達することはできない、とマハリシはよく言っていました。なぜなら、それが現れても、私たちにはそれが統一《ユニティ》意識だと識別できないからです。師だけがそれを識別でき、それを識別できるからこそ、弟子に「それが統一《ユニティ》意識です」と断言できるのだそうです。

マハリシが統一《ユニティ》意識を識別してくれるだろうと思うと安心でした。自分で判断しようとしなくてすむからです。そうした悟りに関する話を聞いて、当時はそれが明瞭で文句のつけようのない説明に思えました。ですから私は超越的気づきの海に身をゆだね、心配事はその波に浮かぶがままにし、自分はまもなく統一《ユニティ》意識という岸辺に打ち上げられることが保証されているのだと、自らを安心させていました。

トレーニングを修了すると、私とリックとダンはアメリカに戻りました。熱意にあふれていた私たちは、エヴァンストンにあるセンターですぐに指導を開始しました。私が二年前に瞑想をはじめた場所です。毎月、何百人という人が瞑想を学びにやって来るので、私はＴＭ協会の一員として働くことに胸を躍らせていました。私たちは講義やイニシエーションや協会運営に忙殺されていました。私とリックはできるだけ一緒に指導を行い、ハイランドパークに新しいＴＭセンターを設立する計画を立てはじめました。ハイランドパークはリックの故郷で、エヴァンストンから北へ三十分ほどの距離にあります。私たちは経験を積んだ指導員アンを説得して仲間に引き入れ、彼女の熟練したガイダンスと自分たちのエネルギーと熱意のもと、新センターを設立しました。

月日はあっという間に流れ、新しいセンターは大盛況でした。両親も瞑想を学んだため、私は父を誘って、コミュニティ内の実業家たち向けの講義を一緒に行いました。それはとても好評を博しました。両親は、瞑想をはじめる前の私たち兄妹があらぬ方向に進むのを見ていたため、ＴＭ協会が私たち二人に及ぼしている影響に喜んでいたと思います。両親が特に安心したのは、私たち二人があらゆる種類のアルコールやドラッグに対して断固として反対していたことでしょう。マハリシはアルコールやドラッグを「神経系を乱す毒」と呼んでいました。私たちは、瞑想による明晰性を損なうものはどんなものでも望まなかったので、アルコールもドラッグもお断りでした。両親が自宅で何度か集会を開いたので、私とダンはＴＭについて話し、最後には友人知人の多くにイニシエーションを行うことになりました。

ＴＭが私たちの生活に及ぼすポジティブな影響について、当時はさまざまな話が飛び交っていました。一つ一つの話に私はインスピレーションを受け、この教えの持つパワーへの信頼を深めました。唯一、不信の念が湧き上がってくるのは、ＴＭ協会の在り方を目にした時でした。認めたくはありませんでしたが、昔からの指導員、特に協会内で権力のある指導員の多くが、自分たちの教えているメッセージを実践していないように私には思われました。経験を積んだ瞑想者は、親切心や忍耐、寛容、思いやりといった資質が備わると教わりましたが、彼らはそうした資質を放っていませんでした。それどころか、彼らの多くはその反対で、辛辣で怒りっぽく、支配的かつ執念深い人たちでした。私は権威者たちとの接触を避けることで、自分の理想をなんとか保っていました。

一九七六年、マハリシが九月に新しいコースをはじめるという噂が流れてくるようになりました。噂の内容はさまざまでしたが、一番よく耳にするのは、超常的パワーを身につける方法についてマハリシが指導する、というものでした。言うまでもなく、協会内の人間は皆、それこそ何がなんでも受けるべき今世紀最大のコースだと考えました。それにもかかわらず、私はシッディ（その超常的パワーはサンスクリット語でシッディと呼ばれています）のことを聞くと、大きな戸惑いを覚えました。なぜなら、以前のマハリシはパワーを得ることについて質問されると、「パワーなど必要ありません。パワーを得たら、本当の目的である超越フィールドから気がそれるだけです」と答えていたからです。それなのに、今になってマハリシは「より精妙なレベルで創造を楽しむ」ためにシッディという能力を伸ばすよう奨励しているのです。私の戸惑いと不信は深まりましたが、そのコースにはとりあえず申し込みました。

六か月におよぶシッディコースがはじまる前に、私は一か月の上級トレーニングに参加しました。上級トレーニングは一九七六年の春に、フランスの小さなスキー村で行われました。マハリシは、このトレーニングで初めて男女別々の宿泊を指示しました。悟りを開く修行において「凝念《ぎょうねん》・集中」を高めるためです。ＴＭは、血圧からセックスに至るまで、すべてを好転させるテクニックを売りにしていましたが、この上級トレーニングの参加者は、自分たちが悟りだけを求めていることを承知していました。私たちはそれぞれ自分なりに、統一《ユニティ》意識の捉えがたくも意味深い体験を得るべく全力を注いでいたのです。そして、マハリシの指示にすべて従えば悟りを開けるだろうと信用して前進しました。

ヨーロッパで行われるシッディコースへと旅立つ一か月前、リックからプロポーズされました。彼は、二人は運命の相手なのだから結婚するのが当然だと思う、コースを終えるまで待てなかった、と言いました。私は即答でプロポーズを受け入れ、情熱の対象がほぼ共通している人生のパートナーと出会えたことに胸を躍らせました。彼はすでに私の両親にも手紙を送っていて、「結婚の意志」を伝え、二人の承認を求めていました。しかも美しいダイアモンドの指輪まで買っていて、家族への報告に向かう前にそれを私の指にはめてくれました。家族は私たちの婚約に大喜びで、ヨーロッパへと出発する二週間前に大急ぎでパーティを開きました。その頃にはすべてのコースが男女別々に行われるようになっていたため、私たちは六か月間離れ離れになることを承知していましたが、生涯を共に過ごすことを誓った幸福感でいっぱいだったので、長期の別離を考えても耐えられる気がしていました。

この「六か月コース」に参加するために、世界中から何百人という指導員が集まることになっていたため、スイス・アルプスの高地にある村々で、いくつものホテルが参加者を宿泊させるために確保されていました。最初の三か月間、私はルツェルン湖沿いにあるブルンネンという可愛らしい村に滞在しました。私は意欲的に瞑想し、まったく飽きることがありませんでした。超越体験は瞑想すればするほど明瞭になってきましたが、不安も胸騒ぎがするほど定期的に起こり続けていました。

私たちは、毎日、各自の体験と超越の明瞭さのレベルを記入するよう求められていました。そして各グループからリーダーが選ばれると知らされました。リーダーは毎週、記入用紙を集め、電話でマハリシの代理人の一人にその集めた用紙を読み聞かせることになっています。さらに本部の人間と毎日連絡を取って、連絡事項をグループに伝える役割もあります。私は自分がリーダーに選ばれたと知らされました。選ばれたことにどう反応していいのかわかりませんでしたが、その決定を覆すことはできないようだったので、私は承諾して、うまくいくよう願いました。

リックと私は、ほぼ毎日、文通していました。私と同じく彼も熱心な瞑想者だったので、瞑想中に起こる恍惚状態についてよく書いてきました。そして手紙には、マハリシへの崇拝と感謝の言葉が情熱的に並べられていました。師と共にスピリチュアルな生活を送りたくて世を捨てる人たちがいるが、自分も彼らの気持ちがわかるようになった、と何度か書いていました。彼の胸中で何が起こっているのかわかりませんでしたが、私は心配はよそうと思いました。自分の経験から、長期のラウンディング中には、常に感情の起伏が起こることを承知していたからです。それに、マーヤー（幻像の世界）を捨てて、悟りを開くことを唯一の目的に生きる禁欲主義的な探求者に憧れるのは、私たちにはよくあることで、そんな空想に浸ることも珍しくなかったからです。何年間もマハリシのもとで学んだ人たちの話は聞いていました。マハリシがどこにいようとも、彼らはそのそばで生活し、元の生活には戻っていません。「アーサナマットと結婚している」と噂されている彼らは、男性も女性も嫉妬と羨望が入り混じった目で見られていました。

マハリシは当時、ヘルテンシュタインにあるホテルの最上階に滞在していました。古くからの女性の弟子たち（もちろん「アーサナマットの配偶者」に分類される人たちです）とTM協会の上層部の多くが同じ最上階に滞在していました。マハリシからの伝言で、女性用ホテルの各グループリーダーはヘルテンシュタインに集まって、そこでコースを受講することになりました。代わりに、ヘルテンシュタイン滞在の女性がそれぞれのホテルに行って、受講者にシッディのイニシエーションをするそうです。私は荷物をまとめてブルンネンのホテルのロビーで待つように言われ、ワゴン車が迎えに来るのを待ちました。マハリシが滞在するホテルで生活し、シッディのテクニックを授かる最初のグループの一人になるのだと思うと、舞い上がりそうな気分でした。

数時間後、やっと車が到着しました。ルツェルン湖沿いの村々に点在する各ホテルから集められた女性たちで、車内はほぼ満席です。アルプスの夜、寒く揺れのひどい道を走り抜けると、湖と周囲の山々を一望できる丘の斜面に建てられた、お菓子の家のような宿泊所に近づいてきました。到着すると、白いサリーをまとった三人の女性に迎えられました。私たちは各自部屋を与えられ、荷解きをするよう言われました。

部屋はゆったりと居心地よく、窓外には美しい景色が広がっていました。ルツェルン湖とその周囲をネックレスのように飾る村々の明かりがきらめいて見えます。私は荷物を床に置き、ベッドに倒れ込むと、夜明けまで深い眠りに落ちました。翌朝、目覚めてシャワーを浴びると、朝のラウンディングを行いました。マハリシのいるホテルは、超越には最適な場所だと噂されていたため、そこで瞑想すると違う感覚があるのか、早く知りたいと思いました。

アーサナとプラナヤーマを急いですませると、私は目を閉じて自分のマントラを唱えはじめました。すぐに、竜巻に巻き込まれるような感覚が起こりました。猛烈なエネルギーが身の回りを渦巻き、引き裂かれそうになるのを数秒でもこらえるのが不可能に思えるほど、ものすごいスピードで駆け抜けていきます。目をこじ開けようとしましたが、どこに目があるのかすらわかりません。肉体があるという感覚がすべて失われましたが、渦巻くエネルギーは止まりません。それが一瞬にして収まり、あらゆるものが静まり返りました。私はベッドに横たわり、何とか力を取り戻そうとしました。瞑想中の自分の身に何が起こっているのか、マハリシに相談しなければならないことだけはわかりました。私は、どうか近いうちにマハリシと話ができますように、と祈りました。

ヘルテンシュタインに到着すると、コースの雰囲気に大きな変化が起こりはじめました。私たちは翌日から、高位の弟子二人にシッディのイニシエーションを受ける予定になっていました。それが終わると、階下に行って、瞑想スペース用に改装された大広間でグループ実習です。広間の床には、白いシーツに覆われた大きなフォームマットがいくつも並べられていました。プライバシーを守るために、窓もマットとシーツで覆われています。後に聞いた話によると、シッディの実習を行う女性たちがたてる音が漏れるのを防いで、地元のスイス人たちに怪しまれないようにする目的もあったようです。広間は、まるでクッション壁に覆われた巨大な病室のように見えました。しかも天井にはクリスタルのシャンデリアがかかっていて、気品ある滑稽さを演出しています。広間に入った途端、吹き出したのは私だけではありませんでした。その奇妙な光景を見ていると、私たちが「浮かぶ」練習をすることになっているという噂が本当のことのように思えてきます。このクッションに覆われた広間を説明するには、「新人浮遊者の着地用クッションが敷かれています」と言うしかないでしょう。

　私たちは、まだマハリシをちらりとも見ていませんでしたが、噂によると彼からイニシエーションを受けることになっているようです。私たちはその「マット広間」で輪になって座り、指示を待つように言われました。腰を落ち着けると、私たちは自然と二つのグループにはっきりと分かれていました。少し居心地悪そうにしている到着したばかりの新人グループと、超然とした優越感を醸し出している先輩グループです。準備は整いました。コースリーダーで、マハリシの昔からの弟子でもあるバーバラが電話を手にして会場に現れ、それを輪の中心に置きました。プジャ（祈りの祭式）を終えてから、電話でマハリシから五つのシッディを教わることになっているそうです。私たちはショックを受けました。マハリシは上階にいるのに、電話を通して教えるのでしょうか？

　バーバラがプジャ用のテーブルを整えはじめ、何人かの女性がキッチンに花とフルーツを取りに行きました。彼女たちが戻ってくると、私たちはそれぞれ花を手にして、コーラスのようにプジャを歌いました。ざわついていたマインドが祭式によって静まり、スピリットにくつろぎが戻ってきたのを感じました。私たちはプジャの締めくくりに一礼し、電話の周りに輪を作りました。電話が二度ほど音をたて、マハリシの高い声が聞こえてきました。まるで数千マイルも離れているように聞こえます。

「皆さん、お元気ですか?」。マハリシの声が響きます。「ご機嫌はいかがですか? リラックスしていますか?」

「私たちは元気です、マハリシ」とバーバラが答えました。「三十二名の女性が集まっています。今プジャを終えたところです」

「それは良かった。では、あなたたち全員を啓蒙時代の長にするプロセスをはじめましょう。皆さんは何年も瞑想を通して多くを学んでこられたので、これからは思考を最高レベルで楽しむことを学びます。あなたたちは明瞭な超越体験をしてきましたね? よろしい。では、その明瞭な超越体験を活用して、この地球上の人々に平和をもたらしましょう。あなたたちの何十時間にもおよぶ深い瞑想を通して、私たちはこの啓蒙時代を先導しているのです。私たちが瞑想を通して人類に送っている平和と至福を、まもなく全世界が享受することになるでしょう」

マハリシはシッディについて少し詳しく説明すると、五つのシッディのスートラと呼ばれるテクニックを教えました。その一つはフライング・スートラです。私たちはマハリシの話すことをすべてノートに書きとめ、それらを完全に記憶するまではノートを見てもいいと許可を与えられました。また、マハリシは毎朝三時間の瞑想を行ってから、広間に来て全員でシッディの実習をするように指示しました。

翌朝、私たち新人グループは、シッディのグループ実習のために予定通り広間に集まりました。スートラをはじめるためにフォームマットの上にあぐらをかいて座ると、広間のあちこちから奇妙この上ない音が聞こえてきました。ぱっと目を開けると、もう三週間ほどシッディの実習を行っている先輩グループの人たちが、左右または前後にゆらゆら揺れながら、聞いたこともないような不快な音を出していました。叫んでいる人、うめいている人、つぶやいている人、うなっている人、金切り声をあげている人、笑っている人……広間は動きと音で満ちあふれていました。私たち新人グループは、驚いて互いを見つめ合いながら、この実習が正気で行われているのか判断しようとしていました。

先輩グループの人たちが飛び上がるのを目にすると、私たちの驚きはたちまち滑稽なものに変わりました。彼女たちのしていることを「フライング（飛ぶ）」と描写するのは、正確ではないでしょう。跳ねる、という言葉のほうが近いかもしれません。確かに彼女たちは蓮華座で目を閉じて、ときの声から忍び笑いまで多種多様な音をたてながら、フォームマットの上をぴょんぴょん跳ねていました。まるで睡蓮の葉から葉へと飛び跳ねる蛙です。なんという光景でしょう！

私は、ヘルテンシュタインで起こっていることをリックに逐一報告しました。彼のグループもまた、五つのスートラを教わったとのことで、耳障りな音から何まで似たような体験をしていました。けれどもリックは私と違って、シッディに純粋な喜びを見いだしていました。彼はスートラを想像以上に魅力的なものと考え、際限ない幸福感に酔いしれているようでした。

ヘルテンシュタインに移って二か月目になりましたが、まだマハリシを見かけることすらありませんでした。彼がホテルのスイートルームで行っていることをあれこれ耳にするばかりです。私たちは前に滞在していたホテルにいる友人たちから、ＴＭの本場にいることを羨ましがる手紙を受け取りましたが、羨ましがる必要はないから安心するようにと返事していました。

ゼーリスベルクから定期的に弟子たちが到着するので、私たちは新しく来た人のために自分の部屋を明け渡すよう、しょっちゅう指示されていました。ブルンネンで一緒だった友人のアンが、自分の部屋を片付けてバスルームのない小さな部屋に移動するよう言われました（ロビーのバスルームを使うようにとのことです）。それはちょうどアンの誕生日だったので、私たちは彼女の部屋のドアにカードや手紙を飾ったところでした。アンは翌朝まで待ってほしい、この部屋で誕生日を祝いたいと頼みましたが、その願いは容赦なく却下されました。けんもほろろに駄目だと言われ、アンは泣き出してしまいました。

アンが泣きながらその場に立ちつくしていると、何人かのリーダーが彼女の部屋になだれ込み、その私物を廊下に放り出しはじめました。私と数人の受講者がやめるように声を上げましたが、怒鳴り声が返ってきました。マハリシの指示に従ってやっているのだ、とバーバラが叫んでいます――理解できない指示はすべて「マハリシの指示だ」の一言で済まされます――マハリシの言う通りにするのは、「あなたたちの進化のため」だそうです。

このようなことが頻繁に起こっていたわけではありませんが、高次意識を育てるはずのテクニックを練習している人たちにしては、この回数は多いのではないかと思う頻度でそうした騒動が起こっていました。内部の人たちに思いやりが欠けていることから目をそらすのが徐々に難しくなり、ＴＭ協会が掲げるメッセージに対する長らく抑え込んでいた不信感が深まりました。

コース終了の二週間前、ゼーリスベルクで行われる「修了式」の準備をする私たちの間には、浮足立つような空気が流れていました。私たちは修了式で、悟り時代の長として認定する修了証を受け取る予定です。マハリシからの要望で、女性はサリーを着ることになっていました。サリーなど身につけたことのない私たちは、間抜けに見えないようやり通せるだろうかと心配しはじめました。受講者のインド人女性が、サリーの着方とそれを着てできるだけ優雅に歩く方法を実演してあげる、と約束してくれました――優雅とは言わないまでも、せめて歩けるようにならなくてはいけません。

その一か月で三度、マハリシによるスートラ指導が電話を通して行われましたが、私たちはまだ彼に会っていませんでした。新たに学んだシッディの実習、瞑想、ハタヨガ、プラナヤーマを行うので、一回のラウンディングを終了するのに三時間かかるようになっていました。アメリカに戻ってから、この厳しいスケジュールを続けることができるかしら、と思いました。「俗世間」の生活に戻っても、このラウンディングを午前と午後に一回ずつ行うよう言われていて、それだけでも六時間かかるからです。さらに、シッディ体験を述べた進捗状況の報告書を毎月ゼーリスベルクの本部に送るよう指示されました。

暖かく気持ちのいい冬の日のことです。私は昼食を終えて、日課になっている丘の散歩に出るついでに、フロントデスクで自分宛ての手紙を確認しました。リックからの手紙があり、私はそれをいそいそと開封しました。最初の三行を読んで、胸が早鐘をつくように鼓動し、思わずしゃがみ込みました。もう一度読んでみます。彼は、結婚を取りやめたいと書いていました。もう私の両親にも手紙を送ったとのことで、私に知らせるのは後回しにしたということです。君が傷つくことはわかっている、けれども誰とも結婚はできない、とあります。彼は、師に人生を捧げたい、できるだけマハリシのそばで生活したい、独身のまま悟りを開きたいのだ、と書いていました。

うまく呼吸ができません。私は言葉を失っていました。何人かの友人が周りに集まってきて、私は頬に涙を伝わせながら、彼からの知らせを吐き出しました。声を詰まらせながら話しているうちに、号泣はやがてすすり泣きへと落ち着いてきました。私は数日間泣き暮らしながら、それまでに届いていたリックからの手紙の山を読み直し、どうしてこんなことになったのか、原因を探り当てようとしました。次に湧き上がってきたのは怒りです。その激しく強烈な怒りは、私のぼろぼろになったハートを再びつなぎ合わせました。私は怒りにまかせてダイアモンドの指輪をはずし、封筒にリックの宛名を書いて切手を貼ると、そこに指輪を入れて投函しました。彼が嫌な思いをするだろうとわかっていましたが、そんなことを気にしていられないほど傷ついていたのです。私たちは一週間後に迫っていた修了式で再会し、一緒にアメリカへ戻ることになっていました。これが彼の望んだことだと、面と向かって言ってほしいと思いました。

コース終了日の早朝、私たちはゼーリスベルクへと出発しました。アメリカへの帰国便は夜の七時にチューリッヒ発予定だったため、セレモニーに参加する時間は十分にあるはずです。ところが、例によって運営上のトラブルで遅れが生じ、修了書を受け取ってから空港へと出発するまでに二十分しか時間がありませんでした。バスを降りる時に少しだけリックに会いましたが、彼は落ち着き払い、何となく他人行儀に見えました。その表情には何の感情も表れておらず、彼は「久しぶり」と言って、私のサリーが似合っていると褒めました。機内でも同じ調子です。リックは道中ずっと上機嫌で、何の苦痛も感じていないようでしたが、予想通り、勝手に指輪を送り返したことに対しては気分を害しているようでした。

シカゴに到着すると、複雑な心境にある両親に迎えられました。二人は花束を持ってシカゴ・オヘア国際空港で出迎えてくれましたが、私の顔を見ると、彼らのうれしそうな笑顔は凍りついたように見えました。二人の目にも私への抱擁にも苦しみが感じ取れましたが、明るく迎えようとしている二人の態度をありがたく思いました。荷物を受け取りに空港の長い通路を歩いている間、二人は私になんと声をかけていいのかわからない様子でした。リックも私も、世間の気ぜわしさに茫然として黙り込んでいます。両親は、アメリカの食事が懐かしいでしょう、夕食はどこのレストランに行きたいかしら、と形ばかりの会話を進めていました。

荷物を受け取ると、リックは自分の家族と一緒に立ち去りました。彼の母親が、自分の責任ではないのに申し訳なさそうな顔で私をじっと見ていました。リック一家が視界から消えると、母がわっと泣き出しました。今度は母を慰め、落ち着かせなければいけません。この日ばかりは、母のおかげで気分が変わったのをうれしく思い、私は彼女の背中をさすりながら、「これで良かったと思う日がきっとくるわ」と言って聞かせました。

帰宅してわずか二日後に、私はあと三か月スイスに戻ろうと決意しました。前からその選択肢はあり、ヘルテンシュタインにいた女性の多くはまだ留まっていたからです。両親はあっさり承諾してくれました。もう一度ヨーロッパに戻れば、私の傷心も癒やされるかもしれないと願っていたのでしょう。私は必要な手続きをするためにスイスに電話し、二日後にはスイス航空でチューリッヒに戻っていました。その三か月はアローザに滞在しました。コース終了日に姿を現したマハリシに、私はとうとう自分の瞑想中に起こる不安について質問することができました。

「マハリシ、教えてください。もう一年以上、私は瞑想中の体験に悩んでいるのです。明らかな超越体験をしている時、いつも圧倒的な不安に襲われます。瞑想を止めなければその場で死んでしまうのではないかと感じるくらいの不安です」

マハリシは大きな声で笑いだしました。予想もしなかった反応です。

「不安については心配しないでいい」と、彼はまだ笑いながら言いました。「肉体が世界にしがみつこうとしているだけですよ。超越するためには、世界を手放さなければいけません。それなのに、肉体はこの世界を手放したら、そこにはもう何もないと考えて恐がるのです。肉体の恐怖心に耳を傾けてはいけません——手放すのです」

私はようやく答えを得ました。しかし、ただ手放すという選択肢は、恐ろしすぎて試してみる気になりません。マハリシの忠告は理論的には筋が通っていましたが、私がついに手放すことができたのは、その後何年も経ってからのことでした――かつて経験したこともないほどの不安で極限まで苦しみ、もう疲れ果てたと思った時に、やっと手放すことができたのです。

追加で受講した三か月コースは、ヘルテンシュタインで受けたコースの規模が大きくなっただけで、内容は変わりませんでした。アローザのホテル〈Pratjali〉は、百八十名の女性シッダ（「到達者」の意で、私たちはそう呼ばれていました）で満室でした。私たちシッダはヨーロッパ各地で六か月コースを終えた後、このアローザに来ていました。大広間は洞窟のようなシッディ用アリーナに姿を変え、そこではグループの叫び声やうめき声がこだまし、ホテル中に鳴り響いていました。私たちは、毎日、自室で六時間のラウンディングとグループで三時間のシッディ実習をすることになっていました。不快な音は耳をつんざくほどでした。

私は、以前の深い沈黙と平穏を懐かしく思いました。超越的な気づきだけを探求の対象としていた日々、その沈黙と平穏こそが私をＴＭ瞑想に深入りさせたのです。ところがシッディのコースは私の心の平穏を乱しはじめ、私は至福どころか苛立ちを感じるようになっていました。

コースも終わりに差しかかると、アローザから離れるのが待ちきれなくなっていました。ＴＭ協会は混乱の場になりはてていました。もう二度と戻ってくるつもりはありません。マハリシの世界という狭い領域で受け入れてしまった概念的枠組みに囚われていた私は、そこから逃げ出したい、逃げて二度と振り向きたくない、と思っていました。人生の次の段階に移れば、心から求めているものを得られるだろうと願いながら。

第三章　空《くう》への序章

自己から逃れた長い旅路には
数々の迂回路
人けのない荒涼とした場所が多くある
そこでは頁岩《けつがん》が危険なほどに滑り落ち
曲がり角では急な方向転換に
後輪が崖ぶちから外れかける

——セオドア・レトキ

アメリカに戻ると、カリフォルニアこそが次の目的地のように思えました。私は荷物をまとめて両親に別れを告げました。人生を突き進むことには慣れつつあり、選択肢をあれこれ熟考したり、利点と難点を比べたりするのではなく、深く考えず次の機会に飛び込み、そこで見つかることをするようになっていたのです。モチベーションを分析したり、次の行動を取るために根拠を並べたりなど、決してしませんでした。次に取るべき行動は自ずとわかるはずだと、もう随分前に信頼するようになっていたからです。単純に、カリフォルニアに移住することが次にすべきことだと思いました。

私はソノマ州立大学に秋学期から登録し、どこにこんな熱意があったのかと思うほど、猛烈な勢いで学業に身を投じました。その熱意は、親密なスピリチュアル・コミュニティーから離れた生活を送る寂しさから生まれたものでしたが、そこには自分がどっぷり浸かっていたスピリチュアルな知識に新しいアイデアを加えられる、という解放的な喜びもありました。私はそれまでの経験から学ぶべきことはすべて学んだのだから、記憶が蘇って頭を悩ますこともなくなるだろうと考え、過去を振り返るまいと努めていました。大体において過去の記憶を掘り返すことなく過ごしていましたが、瞑想だけは別でした。座って目を閉じると、瞑想体験は相変わらず私を無限の空間へと誘い込みました。シッディコースを終えてからは思い立った時にしか瞑想はしませんでしたが、それは、活動的な日々の中で静かに座っている時間を取ることが難しかったからです。

俗世間から隔離されたところで何年も過ごした私は、この新しくはじまった自由な独り身の生活を思う存分満喫しました。初恋を失った苦しみは、数々の新しい関係の中にまぎれさせ、さまざまな相手と親密な関係を試すのを楽しみました。相手は皆、無限にあるように思われる人間の多様性を新たな側面から見せてくれました。

学業にも刺激を感じていました。一九七八年一月にカリフォルニア大学バークレー校に編入し、そこから徹底した研究の日々がはじまりました。私は十九世紀と二十世紀の世界文学に没頭し、自分の中に人間の物語への愛情が植えつけられました。一九七九年十二月に英文学の学位を取得すると、次なる目標を探しはじめました。いつもの通り、次にすべきことは目の前で待っていました。私はパリに向かうフライトを予約しました。

なぜパリを選んだのか、うまく説明できません。私をその方向へ動かした、目に見えぬ影響力がたくさんあったことは確かです。しかし当時は、パリに向かうことが次の当然のステップだとしか説明できませんでした。高校ではフランス語を勉強していたので、言葉の壁は感じませんでした。初めて学ぶ言語というよりは、知っていた言語を思い出すという感覚で、ごく気楽に取り組めました。パリに着くと、まるで昔そこに住んでいたかのように、街そのものに懐かしさを感じることに気づきました。曲がりくねったストリートも力強いエネルギーも、おなじみのものに思えました。

アパートはサンジェルマン・デ・プレ地区レフトバンクで、わりとすぐに見つかりました。

パリ地区の中でも賑やかで活気ある街の一つです。私はソルボンヌ大学で留学生向けプログラムに登録し、刺激的な新天地に飛びこんで、街全体を吸いこむほどの勢いで新生活を満喫しました。注意深い人なら危うく感じられるくらいの勢いです。しかし当時の私は注意深さとは無縁だったので、途方もなく完璧な街のすべてを楽しみました。それまでに訪れた数々の街では経験したことのない活気がパリにはありました。私は街の魔法に胸をときめかせ、そのエネルギーの中ですっかりくつろいでいました。夜明けに石畳のストリートをさまよい歩き、目の前に広がる光景を信じられない思いで眺めながら、喜びに打ち震えていたのです。

パリにはジュリエットという友人がいました。ＴＭ指導員トレーニングコースを受講中に知り合った男性の妹です。ジュリエットは気まぐれで素敵な女性で、その場の思いつきで冒険に乗り出すようなタイプでした。パリに着いてからの数週間、彼女とたくさんの時間を過ごしました。パリ生活の複雑な世界を案内してくれたジュリエットには、感謝してもしきれないほどです。

そのジュリエットのアパートで、私は初めて哲学者ベルナール＝アンリ・レヴィを見ました。それはテレビのニュース番組で、彼は有名ジャーナリストのインタビューを受けていました。レヴィは二十世紀の伝統的な哲学的見解を解剖分析する新しいムーブメントの指導者だそうです。彼の言っていることはさっぱりわかりませんでしたが、私は彼の情熱的な話しぶりに好奇心をそそられました。ジュリエットによると、レヴィは翌日イブリーで開かれる集会に登壇する予定でした。イブリーはパリの南に位置する小さな郊外都市です。私たちは一緒に集会へ行くことにしました。

レヴィの演説を聞くために集まった人々が行き交う中、私はジュリエットよりも先にイブリーに到着しました。集会はこの日のために設置された大きなテントで行われる予定で、テント内には折りたたみ椅子が何列も並べられていました。木製の舞台には、演壇と肘かけ椅子が何脚か用意されています。私は空席二つを探して混み合うテント内を見回しました。場所を取っておけば、ジュリエットが見つけてくれるでしょう。中央通路近くの十列目あたりに空席が二つありました。そこに座っていると、次から次へと人がやって来て、隣は空いているかと訊かれました。テントはあっと言う間に人であふれましたが、ジュリエットはどこにも見当たりません。レヴィが舞台に上がり、椅子に座りました。照明が少し落とされ、まだ着席していない人たちも空きはないかと、今一度探しはじめました。そこへ二十代後半の感じのいい男性が、隣は空いていますかと訊いてきました。私はジュリエットを探して群衆を急いで見回し、どうぞと答えました。

彼はすぐに話しかけてきました。私のアクセントに気づいたものの、それがどこの訛りかわからなかった彼は、どちらの出身ですかと訊きました。私がアメリカ人だと知ると、彼は大喜びで、最近アメリカを旅行したのだと詳しく話しはじめました。カリフォルニアやネバダを周遊したそうで、人生のハイライトの一つだったと、息を弾ませながら語っています。彼があまりにも目を輝かせて話すので、私は思わず引き込まれました。レヴィが演壇に立って演説をはじめようとしていたので、周囲の人たちは私たちに静かにするよう身振りで示していました。隣の男性はクロード・コーエンと名乗り、礼儀正しく私と握手すると、演説が終わったら話しませんかと誘ってきました。私は快く同意し、この熱心な話し相手とだったら、少なくともフランス語の練習になるわ、と思いました。

演説後、クロードと私は人混みの間を練り歩きながらカフェに向かいました。もうジュリエットを見つけるのは諦めていました。私たち二人はコーヒーを飲みながら何時間も話しこみ、興奮気味にお互いのことを語り尽くしました。

私たちは二つの異文化を笑いあい、典型的なアメリカ人の観点とフランス人の観点をお互いにからかいました。彼はユダヤ人家庭に生まれ、最近、医学研究を終えて、個人で診療をはじめたとのことです。一家は一九六七年に祖国チュニジアを追われ、パリに定住せざるを得なかったそうです。彼はそのトラウマ期について、微に入り細にわたって語りました。

クロードはどんな話題でも熱心に話し、その話しぶりは、私が過去に出会った誰よりも情熱的でした。彼は多大な時間を費やして、あらゆることを論議し熟考してきたようです。その情報量は膨大で、天気からミッテラン政権誕生の兆しまで、話題も豊富でした。私は彼の言っていることを理解しようと苦戦し、もう少しゆっくり話してほしい、もっとわかりやすく言ってほしいと頻繁に頼みました。

とうとう別れを告げる時間になり、私はフランス語をネイティブのように話せるよう教えてくれる人に出会ったと思いました。私たちは電話番号を交換し、近いうちに夕食を食べに行こう、映画でもいいね、と約束しました。その初デート後、私たちはずっと一緒に過ごすようになりました。彼は人生のあらゆる面に喜びを見いだし、私はそんな彼の楽しみ方をおもしろく思いました。食事や大空に浮かぶ雲の形といった些細なことから、哲学論や政治などの遠大な話題まで、どんなことでも楽しむのです。その情熱は尽きることがないように思われました。

四度目のデート後、もっと一緒にいたいと言って彼が私のアパートに越してきたこともあり、この交際が真面目なものであることがはっきりしました。私は彼のエネルギーにあふれた情熱的な生き方に魅了されていたので、その決断力にも抵抗しませんでした。でも彼との絆を本当に固めてくれたのは、彼の家族でした。家族の人たちは彼と同じくらい陽気で開放的でした。そして温かく私を包みこみ、疑いようのない心からの愛情をもって迎え入れてくれたのです。一家と金曜の夕食を共にするのは最高の経験でした――ご両親、二人の姉とその夫たち、弟、たまたま立ち寄った親戚の人たち――全員が一斉にしゃべりかけ、質問してきます。彼らは一家に混ざる私を精いっぱいもてなそうとしてくれました。

一九八〇年十一月、出会ってから八か月目にクロードと私は結婚しました。フランス当局が求める書類をそろえるために二か月間も奔走させられ、結婚式は秋の終わりになってしまいました。私の家族にとっては残念な時期です。初めてのパリだというのに、雨の降りしきる寒空の下でこの地に来ることになったからです。父は二年前にアルツハイマー病になっていたので、式には来られませんでした。病気は父の昔の面影を急速に失わせました。父の頭の機能は痛ましいほど低下し、私たち家族は、なすすべもなく慄然としながらその様子を見ているしかありませんでした。

新婚生活のうきうきした気分が静まりはじめると、私はパリ市民の妻として新生活になじめるよう努めました。瞑想はパリに着いてすぐにやめてしまっていましたが、私はいつかまたはじめるから大丈夫、気にしなくていいわ、と心の中で言い訳していました。しかし一年が経ち、私は瞑想を再開しようとしない自分に気づきました。クロードが――そして多分パリっ子たちも皆――瞑想というものを嫌がるだろうと、不安に思っていたからです。それに、私はマハリシにも怒っていました。彼が示したスピリチュアル世界に深く失望し、六年から八年経てば到達できると言われていた悟りを自分が見つけていないことに傷ついていたのです。心の中でマハリシを激しく非難しながら、私は自分の純粋さを失ったことを嘆いていたのかもしれません。あるいは、深遠なる世界を信じられないという不安を嘆いていたのかもしれません。自分の言い訳がどんなものであれ、私はパリ生活そのものである「表面的なものへの崇拝」を受け入れていました。

私は、四六時中フランス語を話すのが大きなストレスになっていることにも気づきました。会話は流暢にこなすことができ、自分の言いたいことも理解してもらえましたが、完全に意思疎通できるという安堵感はありませんでした。私たちは通常、人と話す時には自分の思いを伝えます。たとえ相手が完全に理解してくれなくてもです。ところが私の思いは、フランス語では伝わらないように感じました——それはまるで、自分にとって意味のない音を発しているような感じです。そのため、私は決して発せられない運命にある自分の思いを背負いながら歩き回ることになりました。私の思いを受け取る側に非があったわけではなく、媒介となる言語が、私の胸の内で行き交う思いとしっかり直結していなかったからです。

私は逃げ場がないように感じはじめました。スピリチュアルな修養を積んでいた日々の幸福感は、遠い記憶となって霞んでしまいました。絶望感とひねくれた態度が私を包みこみ、自分が深い孤独感に囚われてしまったことを否定できませんでした。その孤独感はまもなく激しい不安に取って代わられ、憂慮すべき頻度で本格的なパニック発作に突入するようになりました。私は万事うまくこなしているように必死で装いながら、混乱状態に陥っていました。

その頃から、クロードは子どもがほしいと言うようになりました。意外な話題ではありませんでしたが、「いいわね」と、すぐには思えませんでした。クロードの家族に会った瞬間から、彼と結婚することは子どもを持つのを承諾することだと理解していました——できるだけ早く、たくさん持つことを期待されているのは承知していたのです。確かに、陽気で心温かい大家族においては特に、子どもを持つのは魅力的なことでしょう。けれども、内面で深刻な危機を迎えている自分が子どもを持つ可能性を考えると、しばし尻込みしてしまいました。

自分のジレンマについてクロードに話すことをためらった私は、親業に取りかかる前にもう少し世界を見てみたいと伝えました。彼もその頃には、自分が理解しがたい女性と結婚したことを感じていたため、私の提案を渋々ながら了承しました。結婚した時、彼は私が相手のルールを理解し、それに喜んで従うだろうと思っていました。しかし彼は、私が今になってそのルールを変更しようとしているらしいと気づきました。彼が気づいていなかったのは、私が彼の願望を打ち砕こうという一心で別の計画を持ちかけたのではないということです。私はただ、次にすべきことは子どもを持つことではなく、旅をすることだと思っていました。

子どもを持つタイミングはすぐにやって来るでしょう。

一九八一年は旅行の年になりました。私たちはモロッコ、イタリア、アムステルダム、南フランスを周り、田舎の風変わりな村々で怠惰な日々を長々と過ごしました。旅先では時間が止まっているように思い、囚われの感覚ですり減っていた神経が落ち着きました。パリから離れると自由が増したような気がして、心まで落ち着いていくように感じました。絶えず変化する風景の中で、自然界の優美な色彩が静けさを生み出し、私はその静けさに感動して、気分をなだめられたのです。私は喜びを思い出すようになりました。

一九八二年一月にシチリア島から戻ると、私は子どもを持つ心の準備ができたとクロードに言いました。数週間後の二月半ばに私は妊娠し、つわりを伴う無限の時へと投げ込まれました。母になるのは喜ばしいことだという文化的な幻想のもとに育った私は、妊娠による身体的苦痛に対する心構えができていませんでした。妊娠第一週目から定着したつわりと疲労は、個人史の経験が終わる兆しとなりました。妊娠して数か月が過ぎると、すべてが元通りに戻らなくなりました。私は、得体のしれないフォースとの衝突に向かって突き進んでいたからです。そのフォースはあまりにも未知のものだったため、その衝撃への心構えをさせてくれる人など、どこにもいませんでした。

第四章　空《くう》との衝突

存在をかき消す空《くう》を賛美せよ
存在――
この場所は、その空《くう》への私たちの愛から誕生したのだ！
それなのに、どういうわけか空《くう》が顕れると
この存在が消えてしまう
それが起こることを賛美せよ、繰り返し賛美するのだ！
もう何年も、私は自らの存在を空《くう》から引き出していた
ところが一瞬にして
その作業は終わる
自分であることから自由になり
プレゼンスから自由になり

恐ろしい不安や希望から自由になり
尽きることない欲望から自由になっている
「今ここ」にある山は小さくつまらぬもの……
空《くう》へと吹き飛ばされし小片でしかないのだ

――ルーミー

妊娠して月日が流れるにつれ、人生がますます困難になっているのがわかりました。今になって考えると、妊娠がわかったその日から、これから起ころうとしている現実の急激な変化《シフト》がその姿を現しはじめていたのだと思います。

本当に妊娠したことが確かになると、クロードと私は二十マイル車を走らせて彼の実家に向かいました。待望されている孫の誕生予定を知らせるためです。渋滞する幹線道路を走っている時、私は得体のしれない感覚に気づきました。肉体がその固体性を失って消えていき、周囲の空気中へ崩れていくように思われたのです。自分の目で確かめてみると、肉体の形が変化しているのを実際に感じました。ぼんやりと広がる光が先ほどまで明確だった境界線を消し、肉体がその光で満ちています。空気もその光でできていて、見わたすかぎり輝きが広がっていました。自分の所在がますます感じられなくなり、そのきらめく霧の中で、「私」

は特定の場所にいるというよりも、あらゆる場所に存在しているようでした。

クロードは自分の患者の話をしていました。そちらに目をやると、彼はその広大な光の中で、はるか遠く手が届かないところにいるように見えました。私がちゃんと話を聞いているのか確かめようと、彼は一瞬こちらを見て、大丈夫かと訊きました。「大丈夫よ」。私は小さな声で「問題ないわ」と答えました。内面ではパニックが起こりつつあり、それ以上なにも言えなかったのです。そこへ本格的なパニックが凄まじい勢いで襲ってきました。恐ろしい考えがマインドの中で浮かんできます――このまま気がおかしくなるんだわ。現実にとどまる力を失い、うまく機能できなくなってしまう――私はクロードのほうを向いて、なにか話題を探そうとしました。空気中に消えていくその感覚から気をそらしてくれるものなら、どんな話題でもかまいません。

私たちは、クロードの弟が最近出会ったガールフレンドの話をしました。彼女が何歳で、二人はどのように出会ったのか……。やがてクロードは、前日に弟が電話で話していた出来事について、長々とややこしい説明をはじめました。私はシートにもたれ、確固たる現実に自分を連れ戻すために、クロードの言葉に集中しようとしました。それでも遠くにいる感覚は続き、その後も数日間それが消えることはありませんでした。空気がきらめく霧で満たされている確かな感覚も変わらず続きました。この知覚の変化があまりにも不安をかきたてるので、私は起こっている出来事から必死に自分の気をそらそうとすることしかできませんでした。

クロードの実家に着くと、私は興奮気味に妊娠を知らせ、母親になることや子育てについて意気込んで話しました。その後の数日間、私は起こった知覚変化をなかったことにしよう、忘れようという一心で日常生活に没頭しました。

その頃、また別の知覚変化が数回にわたって起こりはじめ、それぞれ数分から数時間続きました。それが起こっている間、世界は一次元に見えました。まるで背後には何もない厚紙から切り取られた映画の背景のようです。パリの街並みも平坦、空虚で、まるで絵のように見え、奥行きや固体性を失っていました。しかも一つ一つの個体をそれぞれ区別していた明らかな境界線がすべて不鮮明な液状と化し、海のような動きの中でゆらゆら揺れていました。かつては安定して見えていた物体の数々が大きく、そして遠くにあるように見え、生命体が単一運動しているかのごとく穏やかに振動しながら、私の驚愕しているマインドには届かない独自の知覚層の中で存在していました。この変化が起こるたびに、すぐさま恐怖心がわき起こって留まり、増大することもありました。

なにが起こっているのかわかりませんでした。妊娠がおかしな形で自分に影響を及ぼしているのだと推測するしかありません。その知覚変化がようやく収まりはじめ、当時の私が通常の知覚状態だと思っていた感覚が戻ってくると、信じられないくらい安堵しました。さらに徹底的な変化が起ころうとしているのを知らなかった私は、それに対する心の準備をするどころか、起こっている知覚変化に心底おびえていました。私は通常の知覚モードに起こるあらゆる変化を警戒するようになり、なにがその原因になっているのか特定しようとしました。具体的な食べもの、睡眠時間、運動法……変化の原因になっていそうなものをあれこれ調べましたが、これらの変化を絶えず引き起こしている原因になりそうなものは特定できませんでした。まったくの謎です——そして、その謎は何千倍も深まろうとしていました。

それが起こったのは春のことでした。私は町のはずれにあるクリニックでマタニティクラスを受講して、レフトバンクのアパートに帰るところでした。半年後、そのクリニックで出産予定です。妊娠四か月目に入り、胎内を羽根で撫でるような娘の胎動をかすかに感じはじめたところでした。ときは五月で、私は暖かい陽光を感じながらグランド・アルメ通りのバス停に立っていました。急いでいなかったので、気持ちのいい天気を楽しもうと、メトロではなくバスに乗ることにしたのです。

何台かのバスがやって来ては去り、やっと三十七番のバスが広い通りを近づいてきました。バス停には六、七人が待っていて、ビルボードに映し出される新しい広告キャンペーンや天気について世間話をしていました。バスが近づいてくると、私たちは縁石近くに集まりました。バスが排ガスの不快臭を暖かい春の空気中に吐き出しながら、停車のためにスピードを落としていました。

列に並ぼうとしていると、急に耳が塞がったように感じました。飛行機が着陸態勢に入って気圧が変化した時に起こる、あの感覚です。目の前の光景から切り離されたような気がしました。まるで泡の中に閉じ込められたようで、不自然な動きしかできません。バスに乗りこもうと右足を上げると、見えないフォースと正面衝突しました。そのフォースは、まるで音もなく爆発するダイナマイトのように私の意識に入りこみ、通常意識の扉を蝶番《ちょうつがい》もろとも吹き飛ばして、私を真っ二つに引き裂きました。そこに現れた亀裂の中で、かつて「自分」と呼んでいたものが、私の内にある通常の居場所から突き飛ばされ、新しい場所……頭の約三十センチ後方左側に押しやられました。今や「私」は肉体の後ろで、肉体に備わった目を通さずに世間を見ていたのです。

後方左側というその非局在的なポジションから、私は前方に自分の体を見ることができ、はるか遠くを見わたすこともできました。そのポジションで体からのシグナル一つ一つを拾い上げるのは、彼方にある星から光が届くのと同じくらい時間がかかるように思われました。おびえた私は、自分のほかに何か気づいた様子の人はいないかと周囲を見回しました。乗客は皆、静かに席に座ろうとしていて、運転手が私に切符を機械に通すよう身振りで示していました。

意識を元の定位置に戻せないかと頭を何度か振ってみましたが、なんの変化も起こりません。ぎこちない指で切符を差込口に入れ、空席を探して通路を歩きながら、私ははるか彼方にいるような気がしていました。バス停で世間話を交わした年配女性の横に座り、会話を続けようとしました。先ほどまでの現実を押しのけたものがなんであれ、私のマインドはそれとの突然の衝突にショックを受けて、完全に停止していました。

私の声は滞りなく会話を続けていましたが、その声にはなんのつながりも感じませんでした。隣の女性の顔が遠くに感じられ、私たちの間にある空気も、まばゆい濃霧に満たされているかのように不鮮明でした。彼女がしばし窓の外を眺めてから降車コードを引っ張り、立ち上がりました。私はその空いた窓際の席に移動して、微笑みながら彼女に手を振りました。腕に汗が流れ落ち、顔にも玉の汗が吹き出しているのがわかりました。私は恐怖におののいていました。

バスがルクルブ停留所に着き、私は降車しました。家までの三ブロックを歩きながら、私は肉体に集中して意思の力でそこへ再び入ろうと試み、分裂した自分を元に戻そうとしました。つい先ほどまであった感覚——肉体に備わった目で見て、肉体に備わった口で話し、肉体に備わった耳で聞くという、通常の感覚を取り戻すためには、肉体にいるべきだと思ったからです。意思の力は惨めなほど通用しませんでした。今や私は肉体の感覚を通して体験するのではなく、海に浮かぶブイのように肉体の後方で揺れていました。堅実なる知覚から切り離され、肉体から大きく隔たれた場所でそれを目撃しながら、私はまるで意識という名の雲のように、体のあとに従ってストリートを移動していました。その肉体には馴染みがあると同時に違和感を覚えました。そこには説明のつかない結びつきがあるのですが、それでいて「自分の」体だとは思えなくなっていたのです。その体からは相変わらず知覚シグナルが送られてきましたが、それらのシグナルがどこでどのようにして受信されているのかは理解不可能でした。

この状態をどう解釈していいのかわからなかったマインドは、「私」を元に戻そうと必死になって思考を巡らせたり、完全に思考停止したりを順番に繰り返していましたが、そこには空ろな耳鳴りが反響するだけでした。その目撃者はマインド、肉体、感情とは完全に異なり、頭の後方左側というそのポジションは、ずっと変わりませんでした。物理的な存在とのつながりがあまりにも希薄だったため、マインド、肉体、感情と目撃者の間にある大きな隔たりが、パニックを引き起こしているようでした。その目撃者の状態からすると、物理的な存在は今にも崩壊しそうに感じられました。その崩壊寸前状態に反応して、物理的存在は消滅への大きな恐怖心を引き起こしました。

我が家に着くと、クロードが読んでいた本から顔を上げて、マタニティクラスはどうだったか訊きました。彼は私の恐怖心には気づかなかったようで、私はなぜだか安心しました。私はなんの問題も起こっていない素振りで返事をし、クリニックのことを話したり、帰り道にあるアメリカの書店で買った本を見せたりしました。起こった変化について説明のしようがなかったので、話してみようとも思いませんでした。恐怖心は急速に増し、肉体はパニックに陥って汗だくでした。両手は冷たく震え、心臓が早鐘をつくように鼓動しています。マインドが生命保存モードに切り替わり、気をそらしてくれるものを探しはじめました。お風呂、昼寝、食事、読書……それとも電話で友人と話してみたら気がまぎれるだろうか。

すべてが信じがたい悪夢のようでした。マインド（もはや「私のマインド」と呼べないほど、それは切り離されていました）は、この説明しがたい出来事になんとか説明をつけようとしていました。肉体は恐怖を通り越して凄まじいほどに取り乱し、疲労困憊してもう眠るしか選択肢がないという状態です。私はクロードに起こさないでねと伝え、ベッドに入って眠りにつきました。眠れば、歓迎すべき無意識状態になれると思いました。ところが眠りに落ちても、目撃者は引き続き肉体の後ろにある定位置で眠りを目撃していました。それはこの上なく奇妙な体験でした。マインドは確実に眠っているというのに、それと同時になにかが目覚めているのです。

翌朝、目が開いた瞬間にマインドは不安で破裂しそうでした。頭がおかしくなったのだろうか。精神的な疾患？　分裂病？　これが世に言うノイローゼ？　それとも抑うつ症？　一体なにが起こったのだろう？　いつか元に戻るだろうか……？　クロードが私の動揺に気づきはじめ、説明を待っているようでした。私は昨日起こったことを伝えようとしましたが、話すどころではありませんでした。目撃者は「私」が所在するところにいるように思われましたが、その「私」は、肉体とマインドと感情を個人不在の状態にしていました。そんな状態にもかかわらず、さまざまな役割がちゃんと果たされているのが驚きでした。私は一連の出来事や状態をクロードに説明できず、彼が私の続けたくない話題を追求しようとしない性格で良かったと、今回だけはほっとしました。

マインドは現在の存在状態を理解できず、あまりにも途方に暮れていたため、他のことに気を向けられませんでした。その「意識が目撃している」という状態によって、理解も説明も不可能なジレンマが途切れなく生じ、マインドはそのジレンマに身動きとれなくなっていました。存在しているのかいないのか、その狭間で崖っぷちに立っているような感覚があり、存在しているという思考を保たなければ存在そのものが止まってしまうとマインドは信じていました。この生死に関わるらしい指令を任されて、マインドはその存在するという思考にしがみつこうとしましたが、数時間の混乱を経て疲労困憊に陥っただけでした。マインドは決して理解できないものを果敢にも説明しようと試みて苦悩し、肉体はそれに反応して生命保存モードに自らを閉じ込めました。アドレナリンを放出し、感覚を研ぎ澄ませ、あらゆる瞬間に消滅の脅威を見つけて反応しています。

ひょっとするとこの目撃者体験は、昔マハリシが話していた意識の目覚めの第一段階「宇宙意識」なのだろうか。そんな考えがふと浮かびましたが、マインドはその可能性をすぐに打ち消しました。こんな地獄のような状態が宇宙意識と関係しているなんて、ありえないように思われたからです。

この目撃者体験は何か月も続き、一瞬一瞬が苦悩の連続でした。崩壊寸前の状態で何週間も過ごすのは、信じがたいほどのストレスです。一息つける唯一の時間は眠って忘却することだったので、私はできるだけ長く、そして頻繁に寝ようとしました。眠っている間は、マインドも絶えざる恐怖心を放出するのをようやく中断します。そして目撃者は取り残され、無意識状態のマインドを目撃していました。

この謎めいた目撃者意識が何か月も続いた後、また別の変化が起こりました。目撃者が消えたのです。その新しい状態ははるかに大きな戸惑いをもたらし、結果それまで以上の恐怖心が起こりました。目撃者が消えれば大きな重荷が取り除かれるだろうと思われるかもしれませんが、実際はその逆でした。目撃者の消滅は、個人のアイデンティティの経験の最後の痕跡が消えることを意味していました。少なくとも目撃者は、「私」のための居場所を彼方とは言えども保持していました。ところが目撃者が消滅したために、「私」の経験も文字通り一つ残らず消え失せてしまったのです。個人のアイデンティティの経験が失われ、二度と戻ってきませんでした。

個としての自分が消えたのに、中には誰もいない肉体とマインドがまだ存在しているのです。個人のアイデンティティが不在の状態、すなわち「私」「自分」という誰かとしての体験が不在の状態で生活するのは言葉で説明できないほど難しいものでしたが、その生活は疑いようもなく継続していました。調子の悪い日やインフルエンザで寝込んだ日、動転した時、茫然自失した時などとは別物です。個としての自分が消えると、自分として居場所を特定できる人もいなくなります。肉体は外観でしかなくなり、その内側いっぱいに存在するように感じられていたものすべてが空《くう》になりました。

マインド、肉体、感情は、もはや誰のものでもありませんでした。考える者も、感じる者も、知覚する者もいません。それにもかかわらず、マインドと肉体と感情は損なわれることなく機能し続けていました――どうやら、それらが通常通りに機能するために「私」は必要ないようです。考えること、感じること、知覚すること、話すこと……すべてが以前と同じように行われ、その背後に誰もいないと気づかれる気配もなしに滞りなく機能していました。それほど徹底的な変化が起こったことに、誰も気づかなかったのです。会話は以前と同じように交わされ、言葉も同じように発せられていました。質問したりされたりも問題なくできます。運転、料理、読書、電話応対、手紙のやり取り……すべてつつがなく行われていました。昔からいるスザンヌが以前と変わらず日常生活を送っているかのように、すべてが完全に通常通りであるように外目からは見えました。

マインドは起こった出来事を理解しようと、時間外労働をする勢いで延々と疑問を発していましたが、どの疑問に対しても答えは見つかりませんでした。誰が考えているのか？　誰が感じているのか？　誰が恐れているのか？　人が話しかけてくる時、誰に話しかけているのだろう？　彼らは誰を見ているのだろう？　ここには誰もいないのに、なぜ鏡に映るのだろう？　なぜ朝になると目が開くのだろう？　なぜこの肉体は存続しているのだろう？　誰が生きているのだろう？　人生が一つの長く終わりのない公案となり、それは永遠に回答されず、永遠の謎となり、マインドの理解能力を完全に超えていました。

もっとも奇妙な瞬間は、私の名前が用いられる時でした。小切手や手紙にサインする時、私はその紙に書かれた文字をじっと見つめ、マインドは困惑していました。その名前は誰のことも指していないからです。そこにはもうスザンヌ・シガールはいませんでした――ひょっとすると、前から存在しなかったのかもしれません。何らかの感情や思考、名前との接点、心の動きといった内面の情報を求めて、マインドは内側を探索しはじめます。いわゆる内観です。しかし個としての自分がいなければ、内面も内側も存在しません。マインドによる内面の探索はもっとも奇怪な経験となりました。かつて知覚対象、すなわち自己概念というものが存在していたその場所が、何度確かめても完全に空《くう》だと気づくからです。

マインドが困惑すればするほど、恐れが増大していきました。この頃になると肉体は強烈な恐怖に囚われ、そのせいで手足は常に震え、大量の汗をかくようになっていました。服はいつも汗でじっとり湿り、ベッドシーツは毎朝干して乾かさないといけません。何よりも困ったのは、個人のアイデンティティが中断されると同時に、睡眠に徹底的な変化が起こったことでした。睡眠中も、自己の不在を常に意識している状態から逃れられなくなったのです。目が覚めている時に「目が覚めている者などいない」という気づきの意識があるだけでなく、眠っている時や夢を見ている時でさえも、「眠っている者や夢を見ている者などいない」という気づきの意識がありました。

その頃になると、なにが起こっているのかをクロードに説明せざるを得なくなっていました。彼は私の動揺と不安がただごとではないことに気づき、もう何か月も前から私の心配事を聞き出そうとしていたからです。

「クロード、私になにかが起こったの」。私は言葉を慎重に選びながらフランス語で話しはじめました。「それがなにかは見当もつかないのだけれど……もう自分が存在していないように感じるの。もう『私』がいなくて、個人のアイデンティティもない……それが起こりはじめたのは何か月も前のことで、クリニックでマタニティクラスを受講した帰り道、ちょうどバスに乗ろうとしていた時になにかが変わったの。今はなんと言うか……自分の中にいるはずの人の経験を、以前のように見つけられない気がするの。ふつうは自分が誰だか疑ったりしないでしょう？　たとえば『あなたは誰？』って訊かれたら、『私はもちろん私だ』って答えるわよね。だけど、もうその『私』が見つけられないの。誰もいないから……」

「『もう私がいない』ってどういう意味だい？　君はここにいるじゃないか。僕の目の前で、僕に話しかけているだろう」と、彼は言いました。

「でも私はもう『自分』を体験していないの」と、私は声を上げて答えました。「こんなに怖いことってないわ。鏡を見たら、映った姿にショックを受けるの。街を歩いていて、すれちがう人たちがこちらを見ると、誰を見ているんだろう、って思うのよ。話している時も、声は聞こえるんだけど、その声を発している人がいないの……だめね、うまく説明できないわ。言葉で説明できるようなことじゃないけど、恐ろしいことは確かよ！　おかしくなってしまったのかしら。あなたそう思う？」

「スザンヌ、落ち着いて。精神科医に予約しよう、いいかい？　何らかの答えが見つかるかもしれない」

「わからないわ」。もはや私は恐怖で震えながら話していました。「なに一つ筋が通っていないんだもの。どうして『自分』がいないのに、以前と同じように日常が続いているのかしら。話したり、歩いたり、眠ったり、泣いたり、笑ったりしているのに、それをしている『私』がいないのよ」

クロードには答えるすべがないようでした。彼はいくつか質問すると、同僚の一人が推薦する精神科医に予約しようと部屋を出ていきました。予約の日、クロードは一緒についてきて、私が医師に一部始終を説明するのを静かに聞いていました。話の合間合間に、彼は心配そうな表情を医師と交わしていました。この状態をフランス語で説明するのは難しく、医師も当惑しきった表情で私を見つめていました。目撃者のことや、ぼんやり輝く視界のことも話しました。内側に誰もいないという感覚、個人のアイデンティティが中断された感覚、それが二度と戻ってきそうにない感覚についても、できるだけ詳しく話しました。収まりそうにない恐怖心、肉体とマインドがその恐怖心を生み出しているのに、その恐怖心を感じる人がいないことについても話しました。そして自分の名前がもはや誰をも指していないことも伝えました。私が話し終えると、医師はなにか言おうと言葉を探していました。

「なんと言っていいのかわかりません」と医師は切り出しました。「あなたにどんな異常が起こっているのか確信は持てませんが、その不安を落ち着ける薬を処方しましょう。妊娠されているから、あまり強い薬は出せません。出産してから、適切な薬物療法を探してみましょうか。マインドになにかが起こったのは確かですから、できるだけ早く治療をはじめなければ、深刻な状態になるかもしれません」

「でもなにが起こったんですか？　『私』はどこに行ってしまったのでしょう。『私』は戻ってきますか？」。思わず口走っていました。「こんな症状をこれまでに扱ったことはありますか？」

　医師はただ首を振って立ち上がると、診察が終わったことを身振りで示しました。ドアに向かいながら振り返ると、医師がクロードと握手しながら、同情するように彼の肩を叩いていました。

「がんばってください《ボンクラージュ》」。医師はドアを開けながら、明らかに私たちを追い返そうとしていました。「幸運を祈っています。出産したら、また様子を聞かせてください」

　もう言うべきこともなく、クロードが私の方を悲しそうに見ました。

精神科医のところを訪れてからまもなく、母への思いがしきりにマインドの中で駆け巡るようになりました。その思いは「母に会いさえすれば、すべて解決する」と告げていました。私を産み、育て、名付けてくれた女性、母に一目会うだけでいい。私は母に会えば個人のアイデンティティを取り戻し、このおかしな症状を治すことになると、確信するようになりました。マインドは「私」の体験を取り戻す方法を見つけようとまだ必死に模索していました。

シカゴへのフライトに、クロードが同行してくれることになりました。その頃には妊娠七か月目になっていたので、すぐに出発しなければいけません。私は母と兄のダンに電話して、空港に迎えに来てもらうことにしました。個人のアイデンティティの中断を理解しようと悪夢のような苦悩を背負ってきたマインドは、フライト中、この悪夢体験からもうすぐ解放されるだろうと思い描いていました。クロードは私の顔に笑みが浮かぶのを数か月ぶりに見たと喜びました。オヘア空港に着陸し、私たちは荷物を受け取りに向かいました。マインドは、母に会えばすぐなにもかも元通りになるはずだ、と言い張っていました。

エスカレーターから降りると、母がいました。記憶より小さく見えます。髪が金髪に染められていました。母を見た瞬間、心が沈みました。母が視界に入ってもなにも起こらず、空《くう》にはなにも変化がなかったからです。依然として「私」はいませんでした。母が駆け寄ってきて私を抱きしめ、娘の笑顔を見ようと身を引きましたが、そこに笑顔はありませんでした。

その瞬間、深い絶望がマインドにのしかかり、もう二度と個としての自分を体験することはないのだと、マインドは気づきました――そんなことが起こり得るのかと理解に苦しみながら。

母は最近つき合っている魅力的な人たちの話題や近況について話しはじめました。彼女は私をちらちら見ていましたが、なにかがおかしいことには気づかなかったようです。なにも話す気になれなかった私は、ただ黙って母を見つめながら、話を聞いているふりをして、時おり頷いていました。途中で兄の注意を引き、二人で話したいことがあると素振りで示しました。私は兄と荷物受け取りのターンテーブルに行き、荷物を待っている間、なにが起こったのかを話しはじめましたが、すぐに母とクロードが来てしまいました。私たちは荷物を受け取ると、車に向かいました。

シカゴの慣れ親しんだ郊外を走り抜けながら、答えの出ない疑問がマインドの中を駆け巡っていました。この光景に見覚えがあるのは誰だろう。ここを左に曲がるべきか右に曲がるべきか知っているのは誰だろう。車中の人たちは誰だろう。私は母と兄を見つめながら、この二人は誰なのだろうと思っていました。すべてが馴染みがあるように思えると同時に、見知らぬもののようにも思えました。すべてに対して、もはや「接点」を感じられませんでした。なぜなら、「接点」を感じる誰かがいないからです。誰もいないのに、どうやって人と関係を築けるというのでしょう。

母の家に着く頃には、私の調子が優れないことに全員が気づいていました。後部座席で隣に座っていた母は、私の手をそっと叩きながら、妊娠は大変だけれどすぐに楽になるわと話していました。運転席のダンは、バックミラー越しに私を心配そうに見ていました。私は自分なりの表情で兄の眼差しに答えながら、肩をすくめてみせました。彼は探るように私をじっと見すえると、車を私道に停めてエンジンを切りました。全員、沈黙したまま座っていました。数分後、クロードがドアを開けて出ていきました。母がこちらを見て泣き出しました。兄が運転席から手を伸ばして、母の肩を慰めるように軽くたたいています。私はなにも言いませんでした。

夕食の準備をしながら、母はゴシップや笑い話を矢継ぎ早に続けていました。母とクロードが彼の実家やパリ生活のことを話しはじめたので、ダンと二人で話す時間が持てました。私はバス停での出来事、「自分がいない」現在の状態、その状態がマインドを打ちのめしていることを急いで説明しました。兄は自分にもたまに似たようなことが起こると言いましたが、彼はそれを「空白の時間」と称し、空白になると肉体を感じられなくなり、自分がそこにいるような気がしなくなると説明しました。でもその空白には注意を払わず日常生活を続けていると言いました。私は、この状態は「空白」とは違うのだと答えました――空白ではなく、誰かであることが中断されたのよ、と。

夕食後、弟のボブがシカゴ中心街の自宅からやって来て、団らんに加わりました。ボブはプライマル・セラピーに従事して何年か経つので、私の話を聞くと、自分のセラピストのポールに会ってはどうかと勧めてくれました。恐怖心は着実に増大しているように思われ、それに伴って、この体験は狂気の印ではないかと新たな懸念が生じていたので、私はセラピストに会うことに同意しました。消滅寸前の状態に常にさらされている感覚はマインドと肉体にとって非常に重荷だったので、マインドはもっともらしい結論に至りました――まもなく完全な機能不全が起こるだろう、と。迫りくる機能不全を誰かが食い止めてくれるかもしれない、ほんのわずかでも安心感を与えてくれるかもしれないという考えは、控えめに言っても興味を引かれるものでした。ボブが翌日の予約を取り、ポールのオフィスまでの道順を紙に書いてくれました。

個人のアイデンティティの中断をセラピストに説明することは、その後の十年間のお決まりごとになりました。ポールは見るからに優しそうな人で、できるだけ力になろうとしてくれました。けれども私の話す内容に心底面食らった彼は、困惑のあまり怯えてしまったようでした――その反応は、当然のことながら私にとって役立つものではありません。彼のオフィスを出る頃には、体が恐怖でこわばっていました。私は実家に戻ると、寝室のカーテンを閉めて十三時間眠り続けました。

翌日は私の帰省を祝って母がパーティを企画していました。私が子どもの頃から知っている母の旧友たちが招待され、彼らは私の出産予定を祝おうと大喜びでした。夕方前、郊外の有名レストランに三十名が集まりました。一人ひとりが私のところに来てお祝いを言ってくれましたが、私は握手や微笑を交わしながら、ふつうの人のように振る舞おうと苦心していました。ご無沙汰しています、お子さんたちはお元気ですか?……そんなことを尋ねながら、どうして私はこの人たちのことを知っているのだろうと疑問が湧いてきます。彼らの名前を覚えているのは、一体誰なんだろう。彼らと近況を報告し合いながら交流していた年月を覚えているのは、一体誰なんだろう。彼らが知っていた人はもう存在しないのに、誰もそのことに気づいていないようでした。

パリに戻ると、それが本格的な絶望のはじまりとなりました。私はさまよい歩きながら、ここでまだ生きているのは誰だろうと考えていました。ストリートを歩きながら、店のショーウィンドウを一つ一つ覗きこみ、次に映る姿がほんの少しでも見覚えのある感覚を呼び戻してくれますようにと祈っていました。ウィンドウから覗き返してくるその目の中に、自分自身を認めるという確かな体験が得られますように……その祈りは叶えられませんでした。

自己の不在に加えて、世間から常に流れてくる知覚情報を取捨選択していたフィルターが機能を果たさなくなってしまいました。もうお店や人混みの中へ出かけられません。すでに酷使している脳の過敏になっている回路が、知覚刺激によって過剰に負荷をかけられることになったからです。マインドは「私が存在している」という考えにしがみつこうと必死でした。マインドからしてみれば、私の存在自体がその考えにかかっていたからです。しかし外部からの刺激があまりにも強すぎて、マインドはその考えを保つことができず、消滅するという恐ろしい不安がそれに続きました。

すべてが目の前で消えていくように思われました。それも絶え間なくです。どこを見ても空《くう》です。見つめた顔一つひとつの毛穴からも空《くう》が流れ出てきて、外目には固く見える物体のすき間へと流れ込んでいました。肉体、マインド、発せられる言葉、思考、感情……すべてが空っぽで、所有者もいなければ発信者もいませんでした。現実に対して私がかつて抱いていた観念も概念も、すべて完全に失われていました。

私がカリフォルニアでまだ学生をしていた頃、有名な心理学者の診察を受けたことがあります。彼はメヘル・バーバーの熱烈な信奉者でもあり、私は霊的・精神的領域の両方に関する彼の見解を信頼するようになりました。そこで私は、彼に連絡してみることにしました。彼の所在を調べてみると、夏の間、彼が勤務している東海岸にある大学が判明しました。彼は私からの連絡に驚き、居所を探し当てられて感心していました。私は目撃者のこと、空間のこと、空《くう》のこと、個人のアイデンティティの不在について話し、なにが起こっているのか理解する手がかりがほしい、自分が正気を失ったわけではないと安心させてほしい、と懇願しました。彼は注意深く耳を傾け、私の説明を明確にするための質問をいくつかしました。するとと信じられないことに、彼はおめでとうと言いました。

「すばらしい！」と彼は大声で続けました。「みんな、その体験を得ようと洞窟で何年も過ごすというのに。君は意識のあらゆる領域で金星を受け取ったようなものだよ」

「でもアラン、あなたはわかっていないのよ」と私は声を上げました。「これがスピリチュアルな目覚めだなんてありえないわ。ひどい気分なのよ。こんな状態にはうんざりだわ、ずっと恐怖心を抱えたままなんだから。前の状態に戻りたい」

「バーバーの名前を繰り返し唱えてごらん。きっと良くなる」と彼は答えました。

彼はそれが病的な状態ではないことを私に言い聞かせ、心配する必要はない、それは誰もが願ってやまないスピリチュアルな体験だ、となだめました。それでも彼を信じることはできませんでした。私がスピリチュアルな成長について得てきた知識はすべて、至福や恍惚という見解のみに基づいていたからです。本物のスピリチュアルな体験が、私の置かれている状態と同じくらい恐ろしいものだなんて到底考えられません。

「こんな状態を求めて洞窟で何年も過ごすなんて、その人たちは正気を失っているんだわ」と、私は言いました。

一九八二年十一月、娘が誕生しました。陣痛がはじまってから出産までに三日かかり、尋常ではない疲労を覚えました。肉体的・感情的疲労は極限に達するほどだったというのに、その疲労が無我の体験を忘れさせてくれるわけではなく、無我感覚はずっと続いていました。出産を経験してはっきりとわかったのは、人生のあらゆる事柄は、所在を決して特定できない見えざる行為者が行っているということです。行為を行っていた「私」という以前の感覚はまったくの幻想でした。個としての「私」は行為者ではなかったのです――「私」は行為者の仮面をかぶっていただけでした。すべてが以前と変わらず行われ、自分がそれらを行っていると考えていた「私」だけが不在でした。

マインドは基点を持たない広大さと直接的に絶えず接触することになり、恐怖と直面しました。その恐怖は、妊娠に支障をきたすのではないか、それとも出産をする人がいないのだから出産できないのではないか、という心配を引き起こしていました。万事が以前と同じように滞りなく行われているのが信じられませんでした。かつては中身のあった人や物、すべてが今や空《くう》に見えるというのに、一体どういうことなのでしょう。そんな疑問をよそに、すべてが相変わらず継続し、そのほとんどが以前より順調でさえありました。娘の誕生は、出産につきものの感覚や感情や思考を一つ残らず引き起こしました。赤ん坊は五体満足に生まれてくるだろうか。ひどい陣痛が起こるだろうか。生まれてきた赤ん坊をちゃんと世話できるだろうか。出産の一部始終はなんと神秘的なのだろう……。

私が出産したのは、フレデリック・ラマーズ（編集註：原典ママ。フェルナン・ラマーズの誤記？）医師が設立したクリニックでした。そのクリニックはパリの中でも薄汚れた地域にあり、共産労働主義を掲げ、ほとんど助産婦だけで運営されていました。八時間ごとのシフトで一人の医師が勤務しているとのことでしたが、私はその医師を見たことがありませんでした。

陣痛がはじまった時、クロードがクリニックまで運転してくれました。助産婦の一人が検査をし、「家に戻って、陣痛が二分おきになってから来てください」と言いました。私たちは帰宅して待ちましたが、陣痛の起こる間隔は五分のまま縮まらなかったので、八時間後にまたクリニックに行きました。助産婦が再検査をし、誰かと相談しに診察室から出ていきました。戻ってきた彼女は、待機場所を用意したと言いました。私たちは階段を上がって小さな部屋に案内され、私はそこで横たわりながら次の陣痛を待ちました。

絶えざる空《くう》の存在は、クリニックで口にできる話題ではありません。クロードは、もう空《くう》について聞くべきことは一から十まで聞いてしまっていました。実際のところ、彼は数週間前に「もうそんなおかしな話はうんざりだ」と、表明していました。マインドは相変わらず、この一連の出来事を「体験している誰か」を探し出そうとしていました。その捜索に繰り返し失敗すると、マインドは「『私』がいないのだから起こるであろう暗澹たるシナリオ」を創り上げて、恐怖心を増大させていました。それも仕方ありません。そもそも誰もいないのに、どうやって出産するというのでしょう。陣痛が起こっている間、マインドは「出産できる誰かを見つけなければ赤ん坊は誕生しない」と、言い続けていました。それにもかかわらず、出産のプロセスはゆっくりではありましたが進行していました。

クロードが、陣痛促進に役立つ鍼療法を妻に試してもいいか、と助産婦たちに尋ねました。全員そのささやかな実験に興味津々だったため、彼は針と電気刺激装置を用意して療法に取りかかりました。体の両側にある経路に二十五本の針が刺され、それぞれに電気刺激器具が取りつけられます。電気が流れたとたん、陣痛が激しくなりました。そこにいた四人の助産婦は、その効果に感心しているようでした。激しい陣痛がその後も二十分ほど続き、助産婦長が子宮口が拡張したかどうか確認しました――拡張していません。針を指した状態で陣痛は激しさを増しましたが、それ以上の効果はありませんでした。

分娩を誘発するピトシンという薬を投与することになりました。ピトシン投薬後、六時間以内に赤ん坊が生まれなければ帝王切開が必要だそうです。静脈内装置が接続され、四十分も経たないうちに、陣痛が強烈になってきました。さらに四十五分が経ち、陣痛は毎分おきに起こり、子宮口が拡張してきました。ピトシン投薬の三時間後に赤ん坊が産道に入りはじめ、その四十分後に誕生しました。

そのクリニックはフレデリック・ルボワイエの方針を初めて取り入れた医院で、私の出産も彼の見解に則って行われ、娘は暗い部屋でぬるま湯の中に生まれ落ちました。そうすることで、新生児は明るい光にショックを受けることなく、子宮から外の世界へ楽に移行できるとのことです。

出産する人がいないのに生を受ける赤ん坊のことを、なんと説明すればいいのでしょう。娘は母親がいないのに無事に誕生し、その後の数年間もちゃんと育児が行われて、彼女は適切な世話を受けながら育てられることになりました。育児をする者がいないのに、どうして子育てが行われるのだろう……マインドはこの疑問を発し続けていましたが、難なく育児が行われる様子を目撃させられることになりました。

出産には三日近くかかり、肉体は定期的に起こる強烈な陣痛を体験しながらほぼ不眠不休だったため、肉体機能は使い果たされていました。私はその前日に出産した別の女性と同室のベッドに移されました。フランスでは、出産後の一週間は入院することになっています。二人の赤ん坊は私たちと同じ部屋にいました。ラマーズ医師の方針によると、新生児は誕生後に母親から離されてはいけないそうです。

最初の一週間、私は連続して二時間以上の睡眠を取ることができませんでした。どちらかの赤ん坊が必ず起きていたので、疲労は深まるばかりです。基点がないにもかかわらず、肉体に起こる疲労は変わりませんでした。肉体機能を果たすために、依然として休息や栄養や世話を必要としていました。

娘の人生の最初の一年は、疲労と刺激の連続でした。娘は初めの頃、あまり睡眠を必要としていないようでした。それは新生児にはよくあることでしたが、大人の体にとって規則正しい睡眠を取れない日々が長く続くのは、ときに耐え難いものとなります。睡眠が短くなればなるほど、マインドはそれまでの考えをますます深めていました——つまり、あのバス停で起こったことの真相は心神喪失だ。肉体の疲労が蓄積するにつれて、空《くう》の度合いも著しくなったのだから、心神喪失以外に考えられない、と盲信するようになったのです。

しかし現実には、娘のアリエルと誰でもない母親は美しい関係を築き、マインドはその順調さに気をくじかれて、自己の不在を病的なものだと考えたり心神喪失だと解釈したりできなくなりました。私たち親子の関係を見てきた人たちや、何らかの形でアリエルを知る人たちは皆、彼女が特別な子どもで、トラウマを受けたような徴候は一切見られないと口をそろえて言いました。

私がこの並外れて特異な体験をしていることを誰もまったく気づなかったため、私は人々をだまして、以前と変わらぬスザンヌだと思わせることができました。義理の家族はアリエルの誕生に大喜びで、意気揚々と彼女の歓迎会を開きました。不安の波は相変わらず打ち寄せ、私の気づきを突き抜けていましたが、周囲がいつものスザンヌだと考える人の役割は見事なまでに平然と果たされていました。誰も私の振る舞いにおかしなところなど一切気づかず、みんな大はしゃぎでアリエルのかわいさを褒め称えながら祝っています。なんて奇妙なことだろう！　とマインドは考えていました。娘は決して母親を持たないのです。ここには誰もいないのに、どうやら母親業を担うために誰かである必要などないようでした。会話や考えごとが行われているのと同じように、子育てもふつうに行われていました。マインドはその状況になかなか馴染めませんでした。

娘が八か月の頃、私はパリを去るべき時が来た、と気づきました。クロードは必死で反対しましたが、私は次にすべきことはアメリカに戻ることだ、と疑いの余地なく思い定めていました。「私」が砕け散ってから一年と少し経っていましたが、無我という過酷さに慣れるにはほど遠いという状態でした。クロードとの関係も大きく変わっていました。私は理解の範疇を超える体験をなんとか理解しようと苦しみ、当然のことながら、クロードにそれを理解してもらおうと期待することはできませんでした。時間と共に私たちの関係も崩れてしまっていたのです。クロードと結婚した人はもういません。私はもう「個人的な」関係を築くことができなくなっていて、今後も決してできないでしょう。

クロードは家族をつなぎとめようとして、アメリカについてくることを決断しました。フランスでは医師をしていましたが、アメリカで有資格の医師として認められるためには、試験に合格して一年のインターン期間を経なければなりません。フランスを発つ前の数か月間、私は荷造りをし、彼は真剣に試験勉強をはじめました。

クロードの家族は私たちのアメリカ行きを聞いてひどく落胆しましたが、反対しようとはしませんでした。彼らは私がパリで苦労していることに気づいていましたが、その理由については考えつきもしませんでした。環境が変われば、私の気分もましになるだろうと願っていたのかもしれません。私が落ち込んでいて、ホームシックにかかっているのだろうと暗黙の了解があったのでしょう。皆、私たちの結婚が持ち直しますように、と祈っていたのだと思います。

娘はなにが起こっても少しも動揺しない子でした。いつも陽気で明るく、ませていたので周囲をいつも驚かせていました。どんな嫌なことがあっても、彼女はえくぼを作って金髪の巻き毛をふりふり笑っているので、彼女の周りにいる人は皆、魔法をかけられたかのように悲しみを忘れてしまうほどでした。私は幸せそうな娘を見て安心していました。なぜなら、妊娠後期の五か月間は恐怖と急激な意識の変化がつきまとっていたので、それが娘に厄介な痕跡を残してはいないかと心配していたからです。

どのような痕跡があったにしろ、それが娘のトラウマになっている可能性はなさそうでした。彼女はティーンエージャーになっても、生まれた頃からおなじみの聡明そうな幸福オーラを放ち続けていました。そして自分は人と違うけれども同じでもある、と悟りきった知恵を示すことも多々ありました。彼女は自分の知恵に困惑することもありましたが、それについてはあまり話そうとしませんでした。一度だけ彼女はこう言ったことがあります。「ねぇママ、人は自分を見て誰それだって考えるけれど、自分がその誰かではないって思うことあるでしょう?」

「もちろんよ」と私は答えました。「身に覚えがあるわ」

第五章　空《くう》を黙殺する

私は狂気すれすれのところで生きてきた
理由を知りたくて、扉をノックしつづけながら
ある日、扉が開いた
私は、扉の内側でノックをしていたのだ！

――ルーミー

一九八四年の春。無我の体験がはじまっておよそ二年後に、私たちはパリを発ってシカゴに戻りました。馴染みのある環境に住めば、恐怖心も少しは和らぐかもしれないと思ったからです。しかし、そうはいきませんでした。家族、特に母の近くにいるとストレスが生じました。母は私が深刻なうつ状態にあると考え、自分の精神科医に診断してもらいなさい、としつこく勧めてきたからです。精神科医に診てもらうのはなんとか避けることができました

が、母と顔を合わすたびに、その目に浮かぶ絶望と悲しみを避けることのほうが困難でした。

アメリカに戻って母の住む実家に帰ると、狂気への不安と直面することになりました。西洋社会は、理性的で筋の通った経験だけを正しいと考える傾向があり、母はその傾向を象徴するような人です。私が体験していることは科学的・心理学的な説明がつかないため、病的なものだと見なされました。

私は自分の体験について誰とも話すまいと決意しました。なんとか日常生活を送りながら、自己の不在については忘れてしまおうと決めたのです。「自分がいない」ことをマインドから振り払うことなどできるはずもないので、それを忘れようとするなど奇妙な決意です。しかし奇妙なのはその決意だけではなく、一事が万事おかしなことに思えました。そもそも、どれだけの人たちが個人のアイデンティティを持たずに生きているというのでしょう。

マインドは無我の体験のことで明らかに困惑していました。そして何らかの異常事態が起きていることを証明しようと作戦を練り、その信念を実証する証拠となりそうなものを並べ立てました。もっとも説得力ある証拠は、恐怖心の存在でした。それまでに聞いていたスピリチュアルな成長に関する説明はすべて、至福や恍惚や喜びについて触れていました。しかし、この無我の体験の中には至福のかけらもありません。マインドが内面を探って「体験する者」「自己概念」を見つけようとするたびに、空《くう》しか見つからなかったため、恐怖心が繰り返し生じていました。

他者との関係も根底から変わりました。個としての「私」がいなければ、体験の手応えを受け取る場所もありません。他者との絆がある感覚も消えてしまいました。絆を築く者がいないからです。しかし繰り返しになりますが、あらゆる感情は引き続きちゃんと生じていました。消えてしまったのは、感情を個人的なものとして抱く個としての自己の基点なのです。空《くう》はあらゆる感情状態・精神状態と一貫して共存し、この共存はあらゆる個人的資質が存在するのを不可能にしていました。もはやどんな思考、感情、行動も、個人的な目的のために起こることはありませんでした。

なによりも奇妙だったのは、文字通り名前がないという事実でした。私が何者であるのかを示していた名前が、今や誰をも指さなくなったのです。その名前が書かれているのを見ても、誰のことだかピンときませんでした――人がその名前を口にするのを聞いても、それが誰を指しているのか見当もつきません。今日《こんにち》でも、その名前を聞いたり見たりするたびに空《くう》の存在感が強まります。それは空《くう》が濃密になる感覚で、まるで空間が自身を見つめようとして内側を向き、そこになにもないことに気づくかのような感覚です。

何年も経ってから、マインドは幼い頃の習慣を思い出しました。自分の名前を繰り返し唱えているうちに、自分には個人的アイデンティティがないという恐るべき真実に行き当たったあの経験です。その記憶は幾分かの平穏をもたらしましたが、個人のアイデンティティの欠如は決して病的な状態ではないと受け入れることを、マインドは依然として拒んでいました。もっとも望ましいのは、マインドがこの状態を受け入れて、なにか恐ろしい異常事態が起こっているというメッセージを発するのをやめることでしたが、そうなるまでには十年以上かかりました。

アメリカに戻った年、クロードは見事試験に合格し、シカゴにあるクック郡病院でインターン生として認められました。しかしインターンシップがはじまる前に、張り詰めていた緊張の糸が切れてしまいました。クロードにとって、決定的に変わってしまった夫婦関係のもとで暮らす緊張感は耐え難く、決して親切とは言えない外国で暮らすことも負担になっていたからです。一九八五年一月に私たちは別れを決意し、クロードは離婚が正式に決まるまでの半年間、シカゴ中心街にあるアパートで暮らすことにしました。離婚して二か月後の九月、彼は傷心と失望を抱えてアメリカを去り、もっと馴染みがある親切な環境で新生活をはじめることにしました。

この件で唯一言えるのは、彼がアメリカを去っても悲しみを感じなかったということです。私たちの関係は二年前に終わっていました。不可解な謎を抱えた相手との関係に彼がもはや関心を持っていないことが明らかになった時に、二人の関係は消えていたのです。私たちはアリエルがアメリカに残ること、彼女が一年に何度か彼を訪ねてパリに行くことに同意しました。クロードがアメリカを去る頃には、私はカリフォルニアに戻る計画を立てていました。それが次にすべきことだったからです。

クロードと別居していた頃、兄のダンが最近知ったスピリチュアル・ティーチャーのことを話題にしていました。ロバート・ピーターソンという名のカリスマ的なカナダ人男性で、スイスでTM指導トレーニングを受けている時に悟りを開いたそうです。TMコミュニティ内では、彼が型破りな反逆児タイプだとの噂でもちきりで、マハリシ国際大学のあるアイオワ州フェアフィールドでは特に注目を集めていました。私の相談相手としてロバートは適任かもしれないと考えたダンは、フェアフィールドへ一緒に行く手配をしてくれました。

そこには六十名ほどが集まっていて、私とダンが部屋に入るとすぐに、ロバートから「前に来て話を聞かせてください」と言われました。

「ようこそ、スザンヌ」とロバートが声を弾ませて言いました。「自己紹介して、これまでのことを話してくれますか」

「最近、三年半住んでいたパリから戻ってきたばかりです。一九七五年にTM指導員になりましたが、もう瞑想をしなくなって六年ほど経ちます。あなたは、マハリシのやり方に失望した人たちを対象に、おもしろいワークをしていらっしゃると聞いています」

「そうですね。でも一番大切なのは、意識の光という劇的なものを皆さんにもたらすことです。あなたは明らかに特別な人だ。今住んでいるところから出て、ヴィクトリアにある私たちのコミュニティで暮らすことをお勧めします。本当に、あなたは特別なのですから。私たちのところに来てくださいますか？」

「そんな急に……少し時間をください。カナダに越すなんて考えたこともなかったから……」

私たちが話し合っていると、彼の信奉者が数人寄ってきて、ロバートがあれだけ熱心に誰かを勧誘するのを見たことがないと言いました。私は彼の申し出を検討してみると答えました。どちらにせよ、私には絶ちがたいしがらみなどないように思ったからです。

翌日、シカゴに戻る道中で、私とダンはカナダに越すことについて長々と話し合いました。私は数日の間アリエルの世話を母に頼んで、ヴィクトリアへ下見に行こうと思いました。母が快く引き受けてくれたので、二週間後にヴィクトリア行きが決まりました。

シアトルから九人乗りのシャトルに乗って小さなヴィクトリア空港に着くと、兄の友人に迎えられました。彼は私が町にいる間、家に泊めてくれることになっていました。翌日の早朝、私たちはロバートの週末コースに参加するために出発しました。そのコースは、町の大学の講堂で行われます。

ロバートにまた会えて胸が躍りました。彼を取り囲んでいる人たちは皆、そのカリスマ性に陶然としていました。ロバートはあまりに力強く教えを説いたので、肝心の内容はほとんど頭に入ってきませんでした。彼の友人で右腕でもあるウィリアムが私を大歓迎してくれました。私たちが惹かれ合っていることがすぐにわかりました。

その週末、私は無我の体験について誰かに打ち明けてもよさそうか考えながら、熱心に教えを聞きました。個としての自己が消えて以来、スピリチュアルな環境に身を置くのは初めてでしたが、その集まりは無我の体験を話し合うのを歓迎してくれそうには思えませんでした。結局のところ、ロバートはマハリシの信奉者だったからです。マハリシは、その教えの中で無我について触れたことはありません。マインドは相変わらず空《くう》に対する大きな恐怖心を発し続けていて、それはロバートの教えを聞いても弱まりませんでした。

その後の五か月間、私はヴィクトリアとシカゴを何度も往復しました。クロードと離婚調停中だったので、シカゴで弁護士と話し合ったり、クロードにアリエルを会わせたり、といろいろ用事があったからです。そうした用事がない時は、アリエルとヴィクトリアに行きました。

ロバートと定期的に会うようになって数週間も経たないうちに、私はウィリアムの恋人になり、彼のアパートに越してくるよう誘われました。彼のアパートは、ロバートの生徒らが何人かで所有している美しい家の一階にありました。空《くう》は非局在的な行為者として常に在り、その同じ空《くう》からウィリアムとの関係は生まれました。彼と恋人になることは、なるべくしてなったことなのですが、その関係は個人的な願望から生まれたわけではありません。人間関係において果たされる役割を果たす者はいないにもかかわらず、それらの役割は変わらず果たされていました。理由や決意に基づいて行われることはなにもありませんでした。選択者と言えるような人——すなわち関係を築くか否かを選択する人、誰がパートナーとして適当か否かを選択する人など、もういなかったからです。恋人関係は個人的なもののように思われましたが、そうではなく、マインドはその状況を複雑で恐ろしいものだと考えていました。

ロバートは自分の生徒が間違いを犯したと判断すると、その生徒と対決することを習わしにしていました。ロバートの話を聞けば聞くほど、彼が世の中とその人々を善悪で区別していることがわかりました。誰かと対決する時、彼はその相手を悪とみなして攻撃し、彼らは対決後すみやかにコミュニティから追放されました。対決して追放された人たちの一部は、長い年月に何度も連れ戻されていました。そうでない人たちは、対決後、永久にコミュニティを去っていきました。

ある日のこと、ロバートに「精神に異常をきたしている」と判断されたことのある女性が、一週間のコースを受講しに到着しました。彼女は魅力的で、さまざまな話題について理路整然と明快に話しました。ロバート以外、彼女を「おかしい」と思う人はいませんでした。実のところ、ロバートは精神異常イコール悪だと考えていました。その女性は、生徒たちの前に立って自身の経験について話すよう頼まれました。彼女は不安そうに立って、「私の問題は自己の深刻な欠如です」と言いました。

その発言を聞いて、私は血が凍るような思いをしました。なぜなら、恐怖心が主張していること、すなわち空《くう》は精神異常であるというその主張を、彼女の発言が立証したからです。私にとって彼女の発言は過去最悪の証言でした。彼女の話を受けて、ロバートは前夜、自分が「彼女に自己を取り戻させて、彼女を治した」のだと話しました。彼女はその通りだと認め、彼に深い感謝の気持ちを述べました。ロバートは微笑んで、誇らしそうに彼女の称賛を受け止めました。

恐怖が猛烈な勢いで押し寄せてきました。三日後、私は自分の恐怖心についてウィリアムに夜通し話していました（無我の体験については決して触れませんでした）。すると彼は、ロバートに聞いてもらったらどうかと言いました。早朝四時半頃だったので、私はこんな時間にロバートが起きているとは思えないと言いました。それでもウィリアムは電話してみようと言いました。電話をかけるとロバートが応じ、今すぐに家に来るようにと言いました。

十分後、私たちは彼の家に着き、満面の笑みを浮かべたロバートに迎えられました。私たちは一時間ほど語り合いましたが、ほとんどロバートがその場で思いついたことを話していました。そうして私たち二人は彼の家を出ました。

一週間後、ウィリアムが二日ほど町を離れていた時のことです。夜の遅くにロバートから電話がありました。彼は先週話し合ってからずっと奇妙な感じがする、私が彼に何かしたのだと思うと言いました。それまでにも、ロバートはよく他の人たちに似たような言いがかりをつけていました。誰かと一緒にいて「乖離したような、空白になったような、分離したような」気分になると、彼は必ずその相手が悪なのだと結論づけていました。私はウィリアムにも似たようなことを言われたことがあります。一緒に午睡して目覚めた時、ウィリアムは眠っている間に私が彼に何かをして、目覚めても気分が優れないようにしてしまったと言いました。

ロバートからの電話を切ると、私は就寝しました。朝の六時頃、ロバートの妻テッサが部屋に来て私を起こしました。ロバートが家の玄関口で待っていて、私と話したがっているそうです。彼女は教えてくれませんでしたが、ロバートは家にいる他の生徒たちに私がユダヤ人だから悪なのだと伝えていました。どうやら彼は先週、ユダヤ人はすべて悪だという飛躍的な理解に至ったようです。玄関口に行くと、ロバートは長年の生徒たちと正面廊下にいて、私を家から追い出すよう要請していました。

ロバートと対面すると、彼は生徒の一人が使っている部屋で話し合うからついて来なさいと言いました。部屋に入ると、私たちの面談に立ち会うために十二人が集まっていました。彼は、先週私が彼をおかしな気分にさせたと糾弾しはじめ、私が彼にしたことすべてを数え上げました。最後に彼は言いました。ユダヤ人はすべて悪で、この家では歓迎されない。だから君は直ちにこの家を出なければならない、ここは自分にとって神聖な場所なのだから、と。

私は荷造りするために自室へ返され、数マイル離れたところに住む、別の学生の部屋にアリエルと暮らすよう取り決められました。ウィリアムがこの取り決めにどう反応するか知りたかったので、私は彼が戻ってくるまで待ちたかったのですが、その家に一時間以上いることは許されませんでした。私はすばやく荷造りすると、二人の男に連れられて新しいアパートに移動しました。

翌日戻ってきたウィリアムは、家の住人に前日の出来事を知らされました。彼は決して私を訪ねたり、電話で様子を聞いてきたりしませんでした。私と関わるなとロバートから警告されていたからです。

一週間もしないうちに、私はヴィクトリアを去ることに決めました。アメリカに戻る準備をしている時、ロバートが今度はウィリアムと対決して、彼のことを悪魔だと糾弾したとの噂を聞きました。

ロバートの言う悪と彼との関係が生み出した騒動を、マインドは自己の不在に対する不利な証拠として活用しました。およそ三年前に個人のアイデンティティが急に抜け落ちて以来、私が初めて遭遇したスピリチュアルなコミュニティがロバートのそれだったため、今後どんなスピリチュアルな教えに出合ったとしても、自分の経験は病的なものと見なされるだろうと、マインドは結論づけました。ロバートがそのいい例です。当然のことながら、この不思議な状態を理解するために、再びスピリチュアル界に助けを求める気にはなりませんでした。

ヴィクトリアにいた最後の週、父が亡くなったことを知りました。パリから戻って以来、私は父が世話になって半年になる老人ホームを何度も訪ねていました。父がアルツハイマーを患って十年が経っていました。マインドは父の厳しい晩年に刺激され、個としての自己がいなくなれば、そのうち機能が停止するか大きく損なわれるかのどちらかだ、と絶え間ない恐怖心を増大させていました。

実際のところ、父は明らかに「誰かである」ことを失っていました。もはや我が子や妻のことも認識できなくなり、自分が誰かもわかっていなかったのです。話すことも、読むことも、運転することも、歩くこともしませんでした。彼を見るたびに、自分も父みたいになるだろうという恐怖心が募りました。

父の訃報が届いた時、私は泣きました。悲しみを感じている人はいないのに、以前と変わらず感情的な反応が起こりました。それは誰かに属する反応のように思われましたが、実際はそうではありませんでした。泣くという行為が起こっていた——ただそれだけなのです。悲しんでいる誰かがいるように他人の目には映ったかもしれませんが、そこには誰もいませんでした。

無我に直面していても感情的な機能が続いていることを、マインドは良い方に解釈せず、またしても、この経験が異常であることを示す証拠集めをはじめました。それと同時に、マインドは私が自分の父の死に対して適切な反応をしている人間であるように取り繕いました。私はすぐにシカゴへ戻り、兄弟と母を手伝って葬儀の準備をしました。私は家族の前で泣きじゃくり、家族で父の思い出話をしては涙を流しました。「誰かであるかのように見せかける」ことは、真に迫った芝居をうつことでした。そこに現れた感情はどれ一つとして、一瞬たりとも「自分の感情」ではなかったということを、私は誰にも打ち明けませんでした。

第六章　空《くう》を分析する

不安に駆られ、私たちは拠り所を求め続けている——
古さを求めるには時として若すぎる
決して存在したことのないものを求めるには、
あまりに老いている

——リルケ

一九八六年一月、私は娘とサンフランシスコに向かい、そこで閑静な地域にある美しく修繕されたヴィクトリア朝アパートの最上階に部屋を借りました。朝はのんびりと過ごし、午後は公園でたっぷり遊び、夜は居間のソファで二人ぴったり寄り添って物語を読み聞かせるという穏やかな日常が定着し、最初の数週間はあっと言う間に過ぎ去りました。その前の数か月間は離婚の手続きや緊迫した対決、父の死などで忙しかったので、この静かな日々ではほっと一息つくことができました。

アリエルは相変わらず楽しい相棒でした。彼女はよく笑い、その絶え間なくこぼれ出る笑い声は、どんな状況でも心躍る体験に変えてしまいました。空《くう》との衝撃的な遭遇から三年が経ち、今でも恐怖心が私の経験をしっかり支配していましたが、娘の存在がその恐怖心をなだめていました。マインドが恐ろしい考えを次から次へと生み出している時、私はマインドをなだめるために娘の笑いを拠り所にするようになったほどです。当時から、そしてその後何年にもわたって、娘は誰よりも私を助けてくれました。ユーモアを忘れさえしなければ、もっとも恐ろしい瞬間でも安心感を得られるのだ、ということを彼女はいつも優しく思い出させてくれたからです。

個としての自己がいない状態に慣れていくプロセスも進んでいました。マインドは、人生の出来事がいかに以前とは異なる形で体験されていくかを注意深く監視し、（それがマインドの仕事なので）あらゆる瞬間をネガティブなもの、ポジティブなものと判断して解析していました。そもそもマインドは、この意識の大きなシフトをネガティブなものとして既に判断していたので、ポジティブと判断されるものが入り込む余地はほとんどありませんでした。空《くう》が背後に引っ込んだように思える瞬間がごくたまに起こりましたが、マインドは空《くう》がほんの少しでも引っ込んだと思えば、それを絶好のチャンスと捉え、「通常の意識状態が戻ってきた」と考えました。空《くう》が背後にシフトするその瞬間だけが、マインドにとってポジティブと考えられるものでした。

マインドの極度な警戒心には、疲労困憊させられました。マインドはいつも空《くう》の体験を拒絶しようとしていたため、他のことに気を留める余裕がありませんでした。無我を目の当たりにし、無我を恐れ、無我を判断し、無我を忘れようとし、無我を拒み、無我について心配し、無我を問題視する……そんな毎日です。眠りの中でさえも、個人のアイデンティティの不在は揺るぎませんでした。頭がどのような活動をしようと、無我の体験に変化は起こらず、それを理解しよう、整理しよう、評価しようとする試みのどれ一つとして、アイデンティティの感覚を取り戻すことにはなりませんでした。

マインドは起こったことを理解せざるを得ないようでしたが、そのマインド内で行われている答え探しは結果を出していませんでした。そうすると、誰か他の人がこの現象を説明できるかもしれないという発想が頭を占めはじめます。誰なら教えてくれるだろう?……この経験を理解させてくれる心理療法士に出会う幸運には恵まれていなかったにもかかわらず、まだ心神喪失への恐れが一番の心配事だったため、助けを求めるなら心理療法が唯一の手段のように思われました。

自殺防止ホットラインで働く友人が、頻繁に電話をかけてくる相談者の一人を診ている精神分析医のことを教えてくれました。その相談者は、人生にユーモアを見いだす手助けをしてくれるその医師の手腕を絶賛していました――人生にユーモアを見いだすことは、娘が私に教えてくれたことでもあり、大切なことです。私はその医師に電話して予約を取り、翌週、サンノゼに近いロスガトスという都市にある彼の診療所へ、車で一時間かけて向かいました。

そのカール・トリンブル医師の診療所は、サンタクルーズの美しい山々を曲がりくねったハイウェイを降りてすぐの、複合施設内にありました。医師は私を温かく迎え、自分の木製ロッキングチェアの向かいに置いた、心地よさそうな椅子に座るよう勧めてくれました。彼はパイプに火をつけて椅子に深く腰かけると、どのようなご相談ですかと訊きました。私は自分の経験を説明しながら、彼の反応を注意深く観察しました。彼は静かに話を聞いたあと、パリでの生活や結婚、妊娠した時の気持ちなどについていくつか質問しました。私はできるだけ正確に答えながら、彼がこの経験の原因となるようなストレス要因があったのか判断しようとしていることに気づきました。私は半年前に父が亡くなったことも話しました。たまにメモを取っていた彼は、その死についても書きとめていました。私がこのような経験を他にも聞いたことがあるか尋ねると、彼はあると答えました。

「あるんですか？」と、私は戸惑いながら訊き返しました。声に不安が隠れています。「本当に？　じゃあ、これは一体なんなのですか？」

「離人性障害です」と、彼は表情も変えずに言いました。「大きなショックを受けたあとに起こりやすいものです。たとえば愛する人を失う、酷い知らせを受けるといったショックもありますし、宝くじが当たるなど、考えられないくらい幸運な出来事が起こるというのもショックになります。たいてい数時間から長くて数日でおさまるものですが、正直に言って、あなたのように長く続くケースは聞いたことがない。ですが離人性障害であることは確かです、お力になれますよ」

「その障害をなくせるということですか？」

「そうです。あなたにそれほどのショックを与えたのが何か、それがわかれば時間と共に解決するでしょう。ずっと昔の幼少時代のショックかもしれないし、パリで起こったことかもしれない。とにかく、過去について話していると原因にたどり着くはずです。原因さえわかれば障害はなくなるでしょう。もちろん時間はかかるかもしれません。どれだけかかるかは言えませんが」

「離人性障害……と仰っしゃいましたよね？」

　彼が頷きました。

「そう診断された他の人たちも、私とまったく同じことを経験しているのですか？」

「そうです、実際によくあることですよ」

「よくある……」と、私は信じられない思いで首を振りながら繰り返しました。「個人のアイデンティティがないと感じることが、よくあることなんですか？」

「その感覚がそんなに長く続いているのは、珍しいですけどね」と、彼は答えました。「でも短い期間なら、よくあることです。抗不安薬も試してみるのはどうでしょう。症状のいくつかを軽減できるかもしれません」

私は首を振りました。「薬は使いたくありません。母が何年も抗うつ薬を使っているけど、私は薬を使うこと自体が嫌なんです。母は、薬を処方してくれるからといって精神分析医を神様のように思っていますが、そんなふうになるのは嫌だから」

「わかりました」と、彼はにっこり笑って言いました。「私たちは、そんなふうになりたくないですからね」

そうして私たちは、無我の体験の「治療」に取りかかりました。週に一度、車で彼の診療所に出向き、自分の幼少時代や人間関係、心理学への関心についても話しました。もしかしたら何かしら答えが見つかるかもしれない。この拷問のような恐怖心もやっと消えていくかもしれない。「私」がどこかへ行ってしまった潜在的理由がわかれば、「私」は戻ってくるかもしれない……。

カールはセラピー治療が及ぼす癒しの力を完全に信じていたので、私は彼の確信に影響されて、心理学の大学院課程に進むことを真剣に検討しはじめました。そして一九八六年の秋、ジョン・F・ケネディ大学に入り、臨床心理学の修士課程プログラムを受講しはじめました。カールはいつも、「私」は必ず戻ってくるから大丈夫だと念を押し、それは時間の問題だと言っていました。二人ともセラピーのゴールは「私」が戻ってくることだと考え、力を合わせて治療に取り組みました。

カールに診てもらうようになって三か月ほど経った頃、彼の私に対する態度が明らかに変わったことに気づきました。よく自分のことを話すようになり、子どもが欲しいと仄めかしたり、サンタクルーズに買った新しい家のことをさりげなく話題にしたりするようになりました。私がその話題に関心を示して質問をすると、彼は包み隠さず答え、私たちの会話は断然、個人的なものになってきました。彼は新しい家と飼っている犬の写真を持ってきて、私たちはソファに並んで写真を見ました。

カールの好意に私は気を良くしました。彼は初めて私に小さな希望を与え、私の経験に関して初めて具体的な見解を示してくれた人でした。彼が私の経験を離人性障害だと言った時、私はこれが病的なものだと見なされたことに気づきましたが、彼は今後の見通しを明るいものだと考えていたので、病気だと見なされても気になりませんでした。少なくとも、この問題に名前がついたのです。それにカールが助けてくれるはずだと思いました。彼がどんどん自分に惹かれているのに気づくと、「私」の不在がいつまでも続くわけではないのだという期待が強まりました。彼の好意は、私が手の施しようがないほど異常ではない、ということを意味していました——そうでなければ、このどう考えても正常で魅力的な男性が、自分に首ったけな様子をここまで大っぴらに示すはずがありません。

セラピーを開始して五か月が経ち、カールは私たちの治療関係に終止符を打ちました。彼は別の形で君のことを知っていきたい、もう君のセラピストではいられないと言いました。私たちは恋愛関係になり、やがて彼は週末にサンフランシスコの私の家を訪ねてくるようになりました。彼は友人たちに私を紹介しはじめ、二人の出会いについては注意深くごまかして、さまざまな作り話をこしらえていましたが、結局、共通の友人を通して知り合ったという話に落ち着きました。すぐに私たちは毎週末をサンフランシスコかロスガトスで一緒に過ごすようになり、毎晩のように電話で話していました。

カールをよく知るようになるにつれ、私は彼が以前ほど熱心に物事を徹底的に話し合おうとしないことに気づきました。彼はしばしば、診療所でもう仕事は果たしたのだから、二人の間で起こりうる問題について話し合うつもりはないと言いました。私の無我の体験もどうにか解消したと思っていたようです。もしかすると、私が「自己」を取り戻すためには彼を恋人として必要だと暗に知らせようとしていたのかもしれません。私は依然として自分の体験を隠すべき問題だと信じていたので、そのことについて彼と話し合わなくなりました。

つき合いはじめて半年後、私がセラピーを再開したいと言った時、カールとの関係が終わりました。

「なぜセラピーが必要なんだ？　もう問題は解決したと思っていたよ」

「カール、あなたはもう私と話し合おうとしないじゃない。もうなんの問題もないと思っているんでしょうけど、そうじゃないの。まだ「私」はいないし、この状態を理解するために手助けが必要なのよ。まだ信じられないほどの恐怖心があるわ」

「じゃあ、一度も無我の体験は終わってなかったって言うのかい？」

「そうよ。アイデンティティを持った個人の感覚が戻ってきたことは一度もないわ。もう五年になるの……どうにもならないのかしら……」

「もう平気になったと思っていたよ。でも離人性障害は時間をかけて解消されていくものだから。解消されないこともあるけれど」

「カール、あなたの言う離人性障害は私には起こっていないし、解消されてもいないのよ」と私は反論しました。「わからないの？　これは五年前、一瞬にして起こって、それからなんの変化もないし、消えてもいないの。眠っている間だって消えないのよ！」

「離人性障害の症状以外に、なにが該当するかわからない」と、彼は答えました。「すべてを大げさに考えすぎているんじゃないかい？　君は個人として存在していないいって終始言い続けているけれど、君はここにいるし、僕の目の前で話している。そうだろう？　君はそうじゃないいって単に思いこんでいるだけなんだ」

「どうしてみんな同じことを言うのかしら。私が作り話をしているとでも思っているの？　あなたの目の前に肉体があって、言葉を発しているという事実は、なんの意味も持っていないわ。私の体験の中に誰もいないということを言っているの。外見からわかることではないのよ。もう一年以上、同じことを言い続けているんだけど！」

カールの表情がこわばりました。彼はやってられないと言うような仕草をして、ちょっと出かけてくると言いました。彼が家に戻ってきた時、私は荷造りをすませて娘を車に乗せているところでした。サンフランシスコに帰るために車をバックさせて別れの挨拶に手を振ると、彼が私道に立っているのが見えました。それが彼を見た最後でした。

カールのもとを去ってからの数週間、恐怖心がさらに強くなり、マインドは戦場と化しました——自己の不在が敵軍と見なされている戦場です。恐怖心が空《くう》に抵抗して闘いを繰り広げ、マインドがなにをどう試みても恐怖心が引っ込もうとしない一方で、空《くう》は際限なく深まっていきました。私はケネディ大学での勉学に集中し、興味深い研究生活に身を投じて、新しい文献を読んだり心理学論を暗記したり論文を書いたりといった作業でマインドを忙しくさせていました。どんなことに注意を向けていても、あらゆる瞬間に空《くう》はついて回り、決して変わらず常に存在していました。まるで家主が断ることのできない招かれざる客のようです。

カールの診断を思い出し、私は時間をかけて離人性障害や現実感喪失、解離などといった「解離性障害」について調べました。もちろん、そうした障害の特徴の中には私の体験の特徴に当てはまるものもいくつかありましたが、そのどれ一つとして、もっとも顕著な特徴とは一致しませんでした――つまり世間での役割が損なわれずに(むしろ改善されて)、「私」という個人だけが完全にいなくなるという特徴を示していなかったのです。

心理学の文献にも答えが見つからないとは、どういうことなのでしょう。無我の状態になってから六年近く経っているというのに、それがなにを意味するのか知っている人が見つかりそうにもないのです。アランの言っていたことが微かに思い出されます。「みんな、その体験を得ようと洞窟で何年も過ごすというのに」。心理学の文献になにも載っていないということは、やはりこの体験はスピリチュアルなものなのだろうか。けれどもマインドは依然としてその可能性を否定していました。なぜなら、そこには至福も喜びも幸福感もなかったからです。それに、この体験は途方もなく空《くう》でした。でも、アランは私がどれだけ恐ろしい思いをしているか聞いても、大丈夫だと安心させようとしました。スピリチュアルな体験について知っている人を探すだけでもした方がいいかもしれない……他に助けを求める場所はありませんでした。

その時点では心理学界から距離を置くつもりはなかったので、私はもう一度セラピーを試してみることにしました。ただし今度は、トランスパーソナル心理と臨床心理の両方で資格を持っているセラピストを選びました。そのサム・ゴールドファーブという名のセラピストは、私が病的な状態にあるのか、スピリチュアルな状態にあるのか、というジレンマを解決するために、どちらの方面でも完璧にトレーニングを積んでいるように思われました。地元発行のトランスパーソナル・ジャーナルに載っていたサムの広告には、彼がスピリチュアルな体験を熟知していて、患者がどんな問題を抱えていても、思いやりを持って寄り添う熱意があると雄弁に語っていました。

初回の予約日、私はフリーウェイの出口を間違えて遅刻し、息を切らしながらサムの家に着きました。その家は、リッチモンドヒルの閑静な住宅街にありました。彼は診療室に使っている奥の部屋に私を案内し、そこで私はこれまでの経緯を話しはじめました。空《くう》、自己の不在、恐怖心について、できるだけ詳しく説明しました。

「なるほど」と、サムは言いました。「第七チャクラが急激に開いた……つまり深遠なスピリチュアル体験が起こったか、あるいは分離状態にあって現実から逃れようとしているのか、どちらかに思えますね」

「どういうことですか?」と、私は答えました。「その二つの状態の違いを教えてもらわないと、よくわかりません」

「違いを説明するのは難しいのですよ。まず治療をはじめてみて、どちらの状態なのか見極めてみましょう」

　私は、幼少時代の記憶や感情を分析して掘り起こすサムのセラピーに、三年費やしました。セラピーの早い段階で、これがスピリチュアル体験である可能性はないと、サムは判断しました。そうして私たちは、サムの言葉を借りれば「不安や悲しみなど、向き合いたくない感情から逃れるために」私は無我の状態に入ったという暗黙の了解のもとに、治療を進めることになりました。防衛機制、つまり生存をかけた心理的な戦略の結果、無我の状態になったという前提です。サムの主張によると、私は幼少時代に充分なミラーリングを経験せず、小さい頃に周囲からぞんざいに扱われたせいで受けた傷が、今になって空《くう》として現れているそうです。私は自己陶酔的な傷つき方をして、埋めようにも埋められない大きな穴が心の中にぽっかりと空いていると言われました。

サムは私に、叫んだり泣いたり枕を叩いたりして、心の傷を表現するよう促しました。彼いわく、心の傷に駆り立てられて空《くう》に逃避するのは、私がその傷と向き合うのを嫌がっているからで、逃げずに傷と向き合うまで癒やしは起こらないそうです。

またしても自己の不在が病気扱いされましたが、その診断でなにかが変わるわけでもなく、むしろ恐怖心だけが増大しました。体が恐怖で文字通り震えて止まらず、家を出ることすらできない日もありました。サムとのセッションによって、マインドはこの問題が思っていたより深刻だと信じるようになりました。

「サム、恐怖心がひどくなっているんです」と、私は毎週のように訴えました。

「なにをそんなに恐れているんですか?」と、彼は持ち前の優しく同情的な口調で訊きました。

「頭がおかしくなるのが恐い……まったく機能できなくなるのが……娘の世話ができなくなるのが恐いんです。これ以上この恐怖に耐えられません」。涙がポロポロ頬をつたいます。

「じゃあ、いっそのこと発狂してしまえばいい。大丈夫、私が連れ戻してあげるから」

「まぁ、ありがたいこと」と、私はかみつきました。「こんなに恐がっている私に、その恐怖の中へ飛び込め、助けてあげるからって言うんですね。はっきり言って、なにが起こっているか、あなたは見当もついていないんだわ。それに何をどうすべきかもわかっていないんでしょう。恐怖心を増大させられるくらいなら、わからないって正直に言われた方がまだましだわ」

「スザンヌ、君はこの数か月とんでもなく扱いにくかった」と彼が言い返してきました。「私に対してずっと怒っているね……何をしても気に入らないようだ。前回のセッションで書いた所見を読み上げてみようか。君が私に向けている怒りが、私の目にどう映っているか知ってもらいたい」

「所見を読むですって？」と、私は訝しげな顔つきで訊きました。「一体どうして？」

「私が受けた印象を聞いてほしい。君に起こっていることを、私がどう思っているかをね」

「わかったわ……先生がそうしたいなら、どうぞ読んでください」と、私は困惑して答えました。

「じゃあ、読むとしよう」と言って、彼はノートをめくりながら前回のセッションに関する所見を探しました。そのページが見つかると、彼は大きく息を吸い込んで読みはじめました。

「スザンヌが私のことを過小評価するようになって数か月になる。理由は、特別扱いされたいという彼女の欲求を私が満たさないからだ。以前の彼女は私のことを、対象関係論でいうところの良い乳房だと考え、お手本にできるような完璧な対象、愛情を与えてくれる対象だと思っていた。ところが今や、私は悪い乳房だと思われている。彼女の目に映る私は悪者で、信用を失った、期待はずれの役立たずだ。彼女の前エディプス期に受けた傷は火を見るより明らかで、原始防衛機制はフル活動中。彼女は分裂していて、私のことを罰を与える悪い人間だと考えている。自分のことを特別に愛してくれないからという理由で、腹を立てている」。

私は言葉を失い、信じられない思いで口をぽかんと開けながら、しばしサムを見つめていました。この三年間……彼はそんなふうに考えていたのだろうか。ずっと恐怖心や混乱について訴え、個人のアイデンティティが中断される体験がどれだけ困難か話してきたのに、彼はその状態を、分裂症状、境界性人格障害の徴候だと解釈していたのだろうか……。

私はサムの目をじっと見つめました。彼は静かに私を見つめ返しながら、口元に笑みを浮かべて落ち着き払っていました。ご機嫌なようにさえ見えます。自分の分析に得意になっていて、それを私に伝えられたことにも満足していました。彼は数分間、私の反応を待っていましたが、無反応だと見て取ると、目を閉じて背もたれに身を沈めました。私はまだ言葉を失っていました――マインドがショックのあまり、沈黙に陥っていたからです。私は彼を見つめたまま立ち上がり、上着とバッグを手に取ってゆっくりとドアに向かいました。帰りかけようとしている時にサムが目を開けました。時計を見ると、セッションの残り時間がまだ三十分ほどあります。サムは困惑して私の方に目をやりました。

「まだ終わっていないが、どこに行くのですか？」

「帰ります」。私は言葉を探しながら答えました。「もうお伝えすることはありません。あなたの所見には耳を疑いました。私は……」

もう言葉が出てきません。私は、もう少し話そうと追いすがるサムの訴えを振り払いながら、ぼんやりと診療所をあとにしました。他に何を話すことがあるというのだろう。彼は明言しました。無我の体験は病的徴候の印であり、人生初期に受けた深い傷の現れだから、見通しは良くないと診断したことを。それは恐怖心を通じて語りかけてくるあの声と同じものでした――あらゆる平穏の瞬間、安息の瞬間を鋭い刃のように突き刺しながらマインド内を駆け巡る、あの冷たく反響する恐怖の声と同じだったのです。

サムのセラピーを受けていた頃、私はケネディ大学の講義で知り合ったスティーブと付き合うようになっていました。あとから知ったことですが、スティーブはサムの長年の友人でした。私たちは心理学という共通項がきっかけで付き合いはじめ、心理学や理論モデル、人間関係の問題などについて話し合い、人生探求の絆を築きました。私は絶えず人生につきまとってくる恐怖心について何度も説明し、私たちはその強烈な恐怖心が深刻な心理的問題の徴候であるということで意見が一致しました。

二人とも心理療法士になるためのトレーニングを受けていたので、二人の間に起こることすべてを心理学的な見方でとらえました。私たちは行動を分析・解釈したり、物事の象徴的な意味合いについて話し合ったり、二人の関係に影響を与えるパターンや問題をより深く理解するために、互いの家族歴を教え合ったりしました。クロードの時と同じように、私が「自己の不在」について話すと、スティーブもその意味をなかなか理解できずにいました。彼からしてみれば、どこから見ても誰かであるように見える女性と付き合っていたからです。

スティーブとの関係は空《くう》の不可解な仕組みの範囲内で発展し、九年間続きました。けれども、なにか特定できる理由があって二人の関係が続いたのではありません。マインドはまだ誰かであるように見せかけようとしていましたが、スティーブとの関係も基点を取り戻すには至りませんでした。私たちは不安を抱えながら付き合うようになったので、マインドは恋人のいる女性像を記憶から引き出して、二人の関係が個人的なものであるように見せかけるしかないと考えました。しかし九年間でただ一度として、スティーブと私が個人的な関係を築いたことはありません。彼と関係を築くはずの「私」が存在しなかったからです。

一九八二年の春に個としての自己が消えてから、サムとのセラピーを終えるまでの年月で、私は十人の心理療法士に相談しました。どんなセラピーも役に立つどころか恐怖心だけを浮き彫りにしましたが、この事態を理解させてくれそうな公的認可機関は、心理学方面にしかないと思っていました。そのようなわけで、サムのセラピーを終えてからも、私は相談できるセラピストを依然として探していました。

次に出会ったローレン・スポックという五十代前半の臨床心理士は、セラピスト兼スピリチュアル・ティーチャーとして、トランスパーソナル界では確固たる評判を獲得していました。私が自分に起こったことを説明すると、彼女は「決して空《くう》に入ってはいけない、危険すぎる」と言いました。彼女がどういう意味で「危険」と言ったのかはわかりません。なぜなら、その言葉が出たとたんに恐怖心があまりに大きくなったため、どういう意味か聞くことすらできなかったからです。さらに彼女は、空《くう》に入ることを勧めるような人のアドバイスを決して聞いてはならないと警告しました。それを勧めるということは、その人が何もわかっていない証拠だからだそうです。彼女はあなたのことが心配だ、このままだとあなたはすぐ機能できなくなると言いました。

ローレンのセラピーを受けていた三か月の間に、私は自分に起こったことにますます怯えるようになりました。彼女が夏の間ニューヨークに滞在していた時も、私たちは電話でセラピーを続けました。三度目の電話セッションで、彼女は私があまりにも不安定なので、遠くにいては責任を持つことができないと言いました。そしてセラピーを終わらせることにし、代わりに私の近くに住むセラピストを紹介してくれました。他にセラピストが見つかったら、その旨を留守番電話に入れておいてほしいとも言いました。

確かに恐怖心はありましたが、私は心のどこかでずっと「ローレンは間違っている」と思っていました。その思いは、恐怖心の声に同調するセラピストは全員、間違っているという思いと同じものでした。同じ見解を示しそうな別のセラピストを探しても意味がないと思えたので、私は新しいアプローチを試してみることにしました。次に見つかったのは伝統的な精神力学志向の心理療法士で、彼女はいくつかの地元の大学院で教鞭をとっていました。彼女とのセラピーで試みた新しいアプローチとは、無我の体験については話さないというものでした。当然のことながら、セラピーは無意味なものになりました。私が本当に話したかったことを彼女は知らされず、私は彼女がこの体験を非病理学的な視点で見ることはできないと信じていました。彼女とのセラピーには一年を費やし、大学院のことや人間関係、心理学論などについて話しましたが、自分が本当に懸念していることは話せそうにないとわかり、セラピーを終わらせました。

数か月後、友人に勧められたデイヴィッド・ケイというセラピストに会ってみました。友人はもう何年もデイヴィッドに診てもらっていて、彼に全幅の信頼を寄せていました。デイヴィッドはざっくらばんで挑発的な言い方をする人で、私がセッションを受けるようになって一か月経った頃に、こう結論づけました。自分が誰かもわからないようなら、セラピストになる資格などない、と。彼の考えによると、空《くう》の体験は私が精神的問題を抱えていることを意味し、「私が抑圧している痛みに向き合う」のを手助けするためには、週に二回のセッションが必要だそうです。六回目のセッションがはじまって十分もしないうちに、彼は自分が何をしても君の役に立ちそうにない、と言いました。私は立ち上がり、もう結構ですと言って帰りました。

最後に会おうとした心理療法士は、初回セッションにすらたどり着きませんでした。私は自身が離人症の症状を体験したことがある心理療法士を探していました。どうせ心理学界でセラピストを探すのなら、最初からこの体験を病名で呼んだ方が、相手に認知してもらいやすいだろうと考えたからです。そうしてある女性セラピストに紹介されましたが、彼女は予約がいっぱいで無理だと言いました。他のセラピストを紹介してほしいかと訊かれましたが、私は断りました。

「大丈夫です。正直言って、どんなセラピストに会っても助けてもらえないような気がするから」

「そんな悲しいことを……」と彼女は答えました。

「セラピーを受けるようになって何年も経つんです。十二人のセラピストに会いましたが、もう手の施しようがない、セラピーなんてやめてしまった方がいいと思うようになりました」
「でも気が変わったら、知らせてね。数か月後には空きが出るかもしれないから」

サムとのセラピーを終えた時、私は心理学の博士課程の二年目に入っていました。ケネディ大学に一年在籍した後、私は一九八七年秋にライト・インスティテュートに編入していました。博士号を取得したかったからです。その後に受けたセラピーの数々は、院課程の終わりまで続きました。

ライト・インスティテュートは伝統的な精神力学志向の心理学プログラムを提供していて、教授や指導教官のほとんどが極めて分析的・理論的な傾向にありました。私が受けていたトレーニングは、フロイトのブランクスクリーンモデルに基づく心理療法を実践するものでした。すなわち、セラピストは聞き役に徹し、それと同時に分析的な治療介入を考え出して、患者の人生を劇的に変えるというわけです。

私たちは「転移現象に取り組むこと」と「自分の逆転移現象に注意を払うこと」を推奨されていました。セラピーで起こることはすべて患者とセラピストの「人間関係の中で起こる」ため、この転移・逆転移を治療過程で活用することを目的としていたからです。私たちは「患者を喜ばせてはならない」と、繰り返し注意を受けていました。たとえば、こちらの年齢を教えてはならない、元気か訊かれてもこちらの調子を伝えてはならない、格別に大変なセッションの後でも挨拶は軽い握手くらいにしておくこと、たとえ数年にわたるセッションの最終回でも握手以上の挨拶は不要、といった具合です。そうした行為は、患者を満足させるからだそうです。

この分析的なスタンスは窮屈に感じられました。しかも多くの場合、患者はセラピー開始時よりも自己嫌悪に陥ってセッションを終えるため、私はそのスタンスが本当に患者の役に立つのか理解に苦しみました。ライト・インスティテュートでのトレーニングプログラムで診たクライアントに対して、私はそのスタンスを取りませんでしたが、指導教員にはそのことを黙っていました。自分のクライアントが自然に示す人間的な表現に対して、冷たく反応することなど私にはできなかったからです。彼らの意思表示を無視したり、元気か訊かれているだけなのに無反応で返したりなどできませんでした。

この分析的なスタンスとは、たとえばクライアントがセラピストに対してポジティブな感情を示した場合、クライアントはそれが取り組むべき転移現象だと説明を受けます。クライアントがセラピストに対してネガティブな感情を示した場合も、それが取り組むべき転移現象です。セラピストが患者に対して何らかの感情を抱いた場合、それは逆転移現象か投影性同一視のどちらかです。投影性同一視とは、患者が抑圧していた感情をセラピストに投影して、その感情を自分の代わりにセラピストに感じさせるという防衛機制です。

話を聞くだけでほとんど発言せず、単純な質問にさえ反応しないセラピスト、患者の行動の中に隠れたネガティブな動機を見いだすセラピスト（「セラピーに二分遅刻したのは、治療を嫌がっているからですね」などと分析するセラピスト）、そして患者の言動すべてを根深い潜在的問題の徴候だと解釈して、彼らの経験を病気だと見なすセラピストに、どうして人は大金をはたくのだろう……私には理解できませんでした。従来の心理療法は、未知なるものへの根源的不安を土台にしているようでした。この根本的不安が、文化規範に合わない意識の現れを一つ一つ分類したり、解釈したり、病気だと見なしたりする傾向を生み出すのです。

セラピストが全員このようなスタンスを取るわけではないと理解していますが、私が受けていたトレーニングでは、このモデルが採用されていました。分析志向の心理療法士たちが自分の患者について話すのを聞いていると、その話し方にも不安をそそられました。彼らが思いやりや同情心を示すのはまれで、その態度には人としての理解が欠けていることさえありました。そればかりか、患者は診断名で呼ばれていました。「私が診ている境界性人格障害が昨日なんて言ったと思う？」「私が十時に診ている強迫神経症にはまったくイライラさせられる」……といった具合です。

トレーニングも終盤に差しかかった頃、無我の体験を理解するために、自分が間違ったジャンルに目を向けていることが明らかになってきました。というのは、心理学的な立場で考えると、この無我の体験は治療すべきものだからです。「治療」が必要だということはつまり、患者、そして誰よりもセラピストが適切なものとして受け入れられない何かを撲滅、抑圧、解消しようとすることを意味していました。けれども私の場合、個人のアイデンティティの体験が戻ってこないことは明らかで、心理学というジャンルでは、私に何が起こっているのか見当もつかないことも、情けないほど明らかでした。それにもかかわらず、私は博士課程を終えて心理学者としての資格を取得しました。それが次になるべくしてなることだったからです。どうして研究を続けているのか訊かれても、説明できなかったでしょう。私は、マインドを通してやってくる論理的思考に従って物事を進めたことはありませんでした。

もちろん恐怖心は、相変わらずお得意の思考を送り出していました。その思考は、私が心理学者としてのキャリアを積むべきだと理屈を並べ立てていました。「自分は誰でもない」という知識は、私は何者かであるように見せかける必要があったからです。なぜなら、私は何者かであるように見せかける必要があったからです。なぜなら、私たちの文化モデルに適合しません。世間では、空《くう》など容認すべきゴールではないからです。何年も経ってから、「家族の中で自分を活かしているのはスザンヌだけだね」と、兄に言われて笑ってしまいました。マインドは私が一般的な人であるように見せかけようと苦心し、その努力はちゃんと報われていたというわけです。

第七章　空《くう》を広大さとして認識する

雪の中で耳を傾ける者
その彼は何者でもなく
そこにないものは何も見ず
そこにある無を目の当たりにする

——ウォーレス・スティーブンス

個人の基点が消えてから十年が経ちました。恐怖心に苛まれながら探求を重ねた十年。どれだけ恐怖心があろうとも、空《くう》は一瞬たりとも揺らぎませんでした。世間ではインテリと考えられている人たちや、厳しい学校教育を経て知性を培ってきた人たちにも相談しました。この心理療法士として知られるポストモダン時代のティーチャーたちは、私が説明した体験になんとか答えを出そうと最善を尽くしました。自分たちが理解していない何かを説明する言葉をひねり出そうとしました。

私が相談したセラピストは皆、善意ある人たちでしたが、人生はこう解釈するべきだという自分の観念にとらわれていました。そして、現実はさまざまな形で体験されるという可能性を受け入れられませんでした。結局のところ、彼らの誰一人として、自分が知らないということを素直に認めようとしなかったのです。

院課程を終えて一年経った一九九二年春、私はスピリチュアル方面で自己の不在に関する探求をはじめました。自分の体験に光明を投じる文献はないかと書店をうろつきながら、飽くことを知らずに書物を読み漁りました。その努力が見事に実り、行き当たったのが仏教でした。仏教には anatta（無我）や shunyata（空《くう》）に関する文献が何冊もあり、私が十年間体験してきたことが延々と説明され、議論され、究明されていました。

私は手当たり次第にそれらを読みました。今までそうした文献に一冊も行き当たらなかったのが不思議なほどです。ダライ・ラマによる次の文章には、特に目を奪われました。「無我とは、過去に存在していた何かが存在しなくなるということではありません。むしろ、自己というものが、そもそも存在していなかったという方が近いでしょう」

仏教徒の間では、無我について話しても混乱や不信を招くことはないようです。実際のところ、私の体験はポジティブなものと見なされ、しかも仏教の道に進んだ人たち全員が目標にしているものだという印象を受けました。

私の体験の一側面に、個人のアイデンティティが抜け落ちても、人格機能はすべて問題ないままだというものがあり、それを説明するのに仏教がたいそう役立ちました。あらゆる人格機能はつつがなく果たされていましたが、今やそれらの機能は誰にも属さない広大さの中で浮かんでいました。あらゆる体験が相変わらず起こっていましたが、それが「私に」起こっていたのではなく、そこに「私」がいないのです。それらの体験に対する然るべき反応もちゃんと起こっていましたが、そうした反応は自ら現れ、自ら静まっていきました。あらゆる種類の関わり合い、感情、会話、行動……すべてが無限なるものの広大なスクリーン上に現れては消えていくのです。

言動を指揮する個としての自己がいないので、サービスの概念がまったく新しい様相を帯びるようになりました。つまり個としての思惑があって言動が起こるのではなく、その場の状況に応じて必要な言動が起こっているようでした。個としての機能は働いていませんでしたが、全体的な機能はまったく損なわれずに働いていました――機能と非機能、存在と非存在が共存しているというわけです。

仏教の文献は、それを次のように説明していました。すなわち、自己の不在の中で残るのは空《くう》の機能であり（ここで言う空《くう》とは、個々の人がいない状態です）、それは蘊《うん》（集合体）

と呼ばれている。何が話しているかというと、それは話す機能が話しているのであり、考えることは思考機能、育児は育児機能、感じることは感覚機能が行っている。これらの機能が世間で生きるという仕事を果たしていて、それらが属する個としての自己はいない。

五蘊《ごうん》は通常、色（形体）・受（感覚）・想（認知）・行（精神形成／性格）・識（意識）と訳されます。仏教の教えによると、自意識に関連付けられる体験はすべて、この五蘊に区分できるそうです。それらの機能を指揮する自己は存在しません。これら五つの集合体は、決して自己を構成するものではありません。むしろ、これらの相互作用が架空の自己を生み出すと言ったほうが近いでしょう。

人間が出くわす最悪の恐怖とは、滅びる恐怖です。では滅びて、それでも何かが残っている時、何が起こるのでしょうか。仏教によると、滅びて何かが残る時、私たちは真理に足を踏み入れるそうです。蘊が残り、真理（それらが空《くう》であるということ）が明らかになります。それこそ、私がダイレクトに体験していることでした。しかし、「真理に足を踏み入れる」のがこれほど異様で恐ろしい体験になりうることを、なぜ誰も言及したことがなかったのでしょうか。

自己意識が急に消滅してから起こるこの移行（調整）期間について説明したものは、まだ見つかっていませんでした。もしかすると、この体験がこれほど劇的かつ突然に起こることは珍しいのかもしれません――他の人たちはもっと緩やかに空《くう》に入ったため、私が体験したような極端な恐怖には遭遇しなかったのかもしれません。しかし、空《くう》と真に対面して少しも恐怖を感じないなど、ありえないように思いました。有限で曖昧な架空の自己にとって、無限なるものの現実はどう考えても恐ろしいはずです。恐ろしくない、などありえるでしょうか。どうして誰もこの恐怖心について語っていないのでしょう？

現代のスピリチュアリティの論調や推論を詳しく調べてみると、この疑問に対する答えらしきものがありました。スピリチュアル界では、真のスピリチュアル体験の性質について広く知られている、疑う余地のない考えがあります――その考えが疑問視されないのは、彼らが閉鎖的社会を結成しているからです。もし彼らの考えの正当性を疑問視すれば、彼らはこう仄めかすでしょう。あなたが体験しているのは真のスピリチュアル体験ではない、だからあなたには疑問視する根拠がない、と。

恐怖心のないことが、れっきとしたスピリチュアルな目覚めのサインの一つと見なされます。無限の愛、至福、喜び、恍惚と同じく、恐怖心の不在は悟りを開いた人生の確かな印の一つだと考えられているのです。人々は道案内してくれるもの、つまり方向を示して、目的地に着いた時にそうと教えてくれる道標をずっと探してきました。スピリチュアル体験の解釈は、そうした道案内の必要性によって整理修正されてきたため、信頼できないものになっていました。

私たちは、特定の考えや感情や行動の存在だけが、悟りを開いているかどうかを見極める手がかりだと思いこむようになりました。悟りの特質リストは長くて複雑です。「悟りを開いたとされる人の近くにいると感じるこれは、本物の愛なのだろうか。それとも至福？……悟りを開いた人たちにも、まだ思考が起こるのだろうか」――悟りを開いていない者たちは知りたがります。なぜなら、思考のないマインドこそは、スピリチュアルな成長の印だと聞くからです。それにこんな考えも湧いてきます。「これは恐怖心だろうか……恐怖心が存在するということは、真のスピリチュアル体験であるはずがない」。実際のところ、恐怖心の存在は、そこに恐怖心があるということを意味しているだけで、それ以上でもそれ以下でもありません。

こうしたことを調べていた頃、ＴＭ時代の旧友から連絡があり、私は自分の体験について彼に話しました。すると彼は、昔マハリシ・マヘーシュ・ヨーギーが言っていたことを思い出させてくれました。確かにマハリシは、目覚めの第一段階である宇宙意識は恐ろしい体験だと明言していました。この目撃者意識の段階を速やかに進むためには、師の存在が不可欠だとも言っていました。マハリシの主張によると、師がいなければ、この第一段階にいる人は混乱と恐怖心のさなかで永遠に迷ってしまうことがあるそうです。師が悟りの体験を人に与えるのではない、師は「それが悟りだ！」と悟りの体験に確証を与えるのだ、と言っていました。

そう言えば、マハリシは神意識についても同じことを言っていました――神意識は宇宙意識ほど不安な体験ではないが、それが神意識であると立証されて次の意識段階が現れるためには、師が必要である、と。

スピリチュアル文献を調べている時に見つけた書籍の中に、現代のさまざまなスピリチュアル・ティーチャーのインタビューを集めた『Timeless Visions, Healing Voices（永遠のヴィジョン、癒しの声）』（未邦訳）という一冊があります。著者はステファン・ボディアンというマリン郡のセラピストで、彼は有名なスピリチュアル誌の編集もしていました。その本の中でも、ジャン・クラインというティーチャーのインタビューが私の体験をとりわけ正確に描写しているように思われ、私はステファンの予約を取りました。それまでに出会ったセラピストたちとのやり取りを考えると一抹の不安はありましたが、とにかく彼に相談してみることにしました。

ステファンには落ち着いた静かな存在感があり、とても話しやすい人だと思いました。私は空《くう》の体験をできるだけ完全に説明し、強烈な恐怖心や不安についても話しました。彼はその体験を明快にする質問をいくつかして、心理療法士から出る発言とは思えないことを言いました。「あなたは深遠なスピリチュアルな目覚めを体験したようですね。これはあらゆるスピリチュアルな教え、特にアドヴァイタ（非二元）の教えが説明している、解放の状態だと思います。すばらしいですよ！」

なぜ私はこれほどの恐怖心を抱えているのか訊いてみると、彼は理由はわからないが、自分のティーチャーであるジャン・クラインに会ってみてはどうかと勧めてくれました。ジャンは翌週、講演会をするためにバークレーに来る予定だそうです。ステファンによると、ジャンはラマナ・マハルシやアドヴァイタの偉大な賢者たちの教えを引き継いで、個としての自己はマインドが作り出したものにすぎないと説き、真の自己は非個人的な、すべてを包含する気づきだと教えているそうです。

およそ十日後、私は北バークレーにあるコミュニティセンターで六十名ほどが集まったグループに加わり、ジャン・クラインの登場を待ちました。ジャンが部屋に入ってきて、前方の椅子にゆっくりと向かいました。細身で華奢な年配男性で、優しそうな表情、きらきらした目をしています。彼は椅子に腰かけて目を閉じると、全員を静かな瞑想に導きました。十五分ほど沈黙した後、ジャンはゆっくりと目を開けて話しはじめました。その話し方には強いアクセントがあり、全員が一言も聞き逃すまいと少し前のめりになりました。彼は気づきの解放について手短に語り、投影せずに見抜くための提案をいくつかしました。彼がなにか質問はないですかと訊いたので、私は立ち上がって、自分がこの十年間で体験してきたことについてコメントをもらえるか尋ねました。

「十年前、個としての自己という自意識が唐突に消えて、失われてしまいました。それ以来、『私』がここにいると感じられなくなりました。車を運転していても、しゃべっていても、町を歩いていても、その行為を行っている人の体験がなくなってしまいました。ここにはもう誰もいないのです」

「つまり、『私』としての体験がないということですか？」

「そうです、『私』がいないのです。かつてはいたのですが、今はもういません」

「それは、すばらしい。完璧だ」とジャンは言いました。

「でも、どうしてこんなに不安なのですか？　どうして喜びがないのですか？」

「その体験をいつまでも振り返って確認しようとしているマインドの部分を止めなければいけません」と、ジャンは答えました。「まず、しつこく確認しようとしているマインドの一部分を追い払うのです、すると喜びがやって来ます」

彼の言葉がどれほど的を射たものか、私ほど腑に落ちた人はその部屋にいなかったでしょう。そうです、確かにマインドの部分――内省的機能、内観分析機能と呼ばれるものがあり、その機能がしつこく振り返っては、空《くう》を見つけて、なにかが異常だというメッセージを送り続けていたのです。それは人格という幻想を抱いて何年も生きているうちに発達した条件反射的な反応で、人は自分を知るためにはその反応が必要不可欠だと考えています。そして何度も「内面を見つめて」自分がなにを考え、なにを感じているかを決定し、自分のことを調べ上げ、マインドとハートの状態を追っていくのです。しかし今となっては「見つめる」対象の「内面」がないため、その条件反射的な内省反応が取り残されているというわけです。それでも、その反応は継続しています。そして内面を覗き込もうとしては、そこにもう内面がないという事実、空《くう》しかないという事実に対応できずにいたのです。その日ジャンが教えてくれたことは極めて重要なことで、私はそれに関して彼に永遠の感謝を捧げます。

講演が終わると、ジャンが翌週個人的に会いましょうと、生徒の一人を介して招待してくれました。車でマリン郡に行くと、ジャンが滞在先の家の庭に座っていました。近寄っていくと、彼は私を出迎えてくれ、横に座るように言いました。彼は意識の変化について最初から全部話してくださいと言い、私の話に注意深く耳を傾けながら、優しく微笑んで頷いていました。話し終えると、ジャンは私がいかに純粋に、新鮮な感覚で、ダイレクトにそれを受け止めているかについてコメントしました。

私たちは四十五分ほど話し合い、彼が私の健康状態について訊きました。私が申し分なく健康だと答えると、彼はそれは良かったと言いました。その後、並んで沈黙のまま十五分ほど過ごし、私は別れを告げました。彼は私と握手すると、私が「悟りの境地」にいることを知って嬉しいと言いました。

ジャンと出会ってから、私は個としての自己の不在について自著や記事で言及しているさまざまなスピリチュアル・ティーチャーに連絡を取りはじめました。仏教やヒンドゥー教の有名なティーチャーたちにも手紙を書き、自分の体験を詳細に述べて、コメントをお願いしました。連絡を取った全員から、称賛や感動にあふれた興味深く温かい返事がありました。全員がそれぞれの言葉で、私の体験はすばらしいことなのだと明言していました。そして、その体験が万物の本質の気づきであると請けあっていました。

返事を一通一通読んでいると、深い安堵が訪れました。それでもその体験自体は依然として喜びをもたらさず、恐怖心が居座っていました。どうしてなのでしょうか。私は何人かのティーチャーと文通をしたり対面したりして、この肝心な疑問に対する答えを求めました——私が体験していることが本当に真の目覚めなのだとしたら、喜びはどこにあるのですか？　どうしてまだ恐怖心が湧いてくるのですか？

仏教のヴィパッサナー瞑想を指導しているイギリス人のクリストファー・ティィットムスか

らは、「私」が実体のないものだと気づくことが重要なのだと返事がありました。私が手紙に書いた、「この体験は自分が精神異常であることを意味しているのではないかと不安に思う」という言葉に対して、彼はこう書いていました。「スピリチュアルな言い方をすると、精神異常とは、あなたが体験しているようなことの欠如を指します。なぜなら、その欠如（あなたのような体験をしないこと）によって、『私が、私が、私が』と主張する文化に絶対的な権威を与えてしまうからです。そのような文化が生み出す信念の異常さは、個人的にも、社会的にも、世界的にも影響を及ぼします」

彼はまた、「自分の体験に喜びや深い感謝の念が湧いてこない理由は、あなたがそれを理解していないからだと思う」と、書いていました。「理解できないのも当然でしょう、事前に説明を受けていなかったのですから。『私でない』ことを『私』が理解できるでしょうか」と。そして「あなたの体験を理解してくれそうな人、自身も同じ体験をした人、『私』の不在に気づくことの価値と喜びを知る人」を身近に探してごらんなさい、と勧めていました。

クリストファーが夏のリトリートを行うために北カリフォルニアにやって来た時、彼とさらに話し合う機会を得ました。彼の説明によると、その体験を静かに受け止めると、恐怖心を引き起こす思考や感情のあらゆる動きを自然になだめることになるそうです。

「自分を安心させる必要がありますね」と、彼は言いました。彼の言葉には静かな誠実さがありました。「安心すると、恐怖心を静めることになります。その静けさの中から、その体験の恵みが現れ、深い洞察が訪れるでしょう」

彼は続けました。「誰かが私のところに来て『空《くう》に気づきました』と言うと、私はこう答えることにしています。『一年後に戻ってきなさい。その時、今と同じ気づきの状態にあるかどうか確認しましょう』と。一年後にまだ『空《くう》に気づいている』と言うのなら、そしてその体験によって人生が大きな影響を受けているのなら、私はこう答えます。『そう、それが気づきです』と」

「十二年も待ったのだから、充分かしら?」と、私は訊きました。

「もう充分に気づいているという資格がありますよ……資格を取りすぎましたね」と彼が言い、私たちは心から笑いました。

確かに、この十二年間の旅路で私に欠けていたのは、静かに受け止めることでした。十二年間、私は誰からも安心できる言葉をもらいませんでした――ずっと独りきりだったのです。マインドはこの体験をどう解釈すべきかわからず、理解と意味を求めて常に探求していました。マインドは無我の体験の広大さをつかむ（理解する）ことができないという事実をようやく受け入れるのに、十一年近くかかりました。それを受け入れたことで、つかめない体験というものがあるのだと、マインドが理解する道が開けたのです。なにかが間違っている、異常だという話ではなく、ただつかめないのだ、と判明しました。

　ゴールデン・ゲート・ブリッジのちょうど北に位置する海岸沿いの農地に、グリーン・ガルチ禅センターがあります。そこのセンター長レブ・アンダーソンを訪ねると、「オフィスでお話しましょう」と言われました。急な丘の斜面に敷かれた石畳の道を彼について行くと、禅求道者のための書店とオフィスを兼ねた小さな木造家屋を通り過ぎ、ユーカリの木や色とりどりの花壇があちらこちらに点在する広々とした芝地に出ました。私たちは秋の陽射しを浴びながら、木のベンチに腰かけました。「素敵なオフィスですね」と私が言うと、彼は微笑んで、その誠実そうな眼差しでじっと私を見つめました。私は自分の体験を語り、なぜそこに喜びを見つけられないのか、彼の意見を求めました。

「自己の不在という体験は、無上の喜びです。空《くう》が空《くう》自体を知ることは無上の喜びなのですが、その喜びは相対的な喜びとは別物です。今この瞬間、あなたが無上の喜びに在ることが、私にはよくわかります」

　彼は続けて説明しました。蘊《うん》の相対的なメカニズムでは、空《くう》の無上の喜びを認識できないので、起こっている喜びが認識しにくいのも頷けるそうです。彼の説明を聞いていると、この体験に対するマインドの頑なだった解釈の仕方が緩んでいきました。

ヴィパッサナーの指導者で、マリン郡のスピリット・ロック・瞑想センターの共同設立者でもあるジャック・コーンフィールドと、有名な執筆家で講演家であり、ニーム・カロリ・ババの弟子でもあるラム・ダスからも、有益で頼もしい返事がありました。二人とも、言葉を尽くして私の体験が確かなものだと請けあい、そのような意識の深遠なシフトが起こってから完全な状態になるまでには、何年もかかるのだと書いていました。ジャックとは電話でも話し、こう言われました。「それはすばらしい体験なのですよ。恐れることはありません……東洋には〝akinchina〟という言葉があります。完全に目覚めた人を指し、何も持たず、何も望まず、何も主張せず、何者にもならぬ人、という意味です」

ラム・ダスは言いました。「あなたは驚くほど見事にその体験に対応してきましたね。家族ともうまくやり、日常生活もこなしてきたのだから、信じられないくらい強い人だ」。「私たちは無我を共有しているのです、マハラジと一緒にね」と言って彼は、自分の師を称える時に使う、チベットの祈りの言葉を教えてくれました。「あなたの叡智あるマインドと私のマインドが、このまま分かつことのありませんように」。叡智あるマインドとは、無我の境地を指すそうです。

スピリチュアル志向の心理学者で執筆家でもあるハメド・アリ（A.H.Almaas）からは、次のような返事がありました。「私はあなたの体験が本物で、スピリチュアルな目覚めだと確かに思います。決して病的なものではなく、それを多くの人が理解できないのも頷けます。私にも現在進行中の目覚めの一環として似たようなことが起こりましたので、あなたの話には馴染みがあります」。

「あなたの目覚めの体験は、私に起こったものと違う形で起こり、私が教えている目覚めの起こり方とも異なりますね。でも、あなたの体験が段階を経て展開しているという事実も現実にありうることで、多くの人たちに起こる目覚めのプロセスとも一致しています。私が思うに、あなたの幼少時代の経験が下準備になっていたのでしょう。それと瞑想やリトリートも関係していますね。あなたの言う恐怖心や不安は、そのような状況で起こったのなら不思議ではないですし、そうした恐怖心の本質を見破って乗り越えていくには、それを深く理解しなければいけません。あなたはティーチャーのガイダンスなしで、巧みに対応してこられたと思いますよ」

こうしてさまざまなコメントをもらいましたが、私の体験をもっとも明快に述べてくれたスピリチュアル・ティーチャーは、もうこの世に存在しない人でした。私がラマナ・マハルシに出会ったのは、彼と弟子の対話集を通してでした。私はその時、とうとうスピリチュアルな師に出会ったと思いました。彼は私の体験をダイレクトかつシンプルな言葉で語っていたので、もう自分の体験に対して不信の念が入る余地はなくなりました。

ラマナ・マハルシ：〝dehatma buddhi〟（「自分は肉体である」という考え）を超越すると、人はジニャーニになる。その考えがないところには、行為者の感覚も行為者も存在しえない。故に、ジニャーニはいかなる行動も起こさない。それが、ジニャーニの体験なのだ。

質問：でも、あなたは行動されていますよね。どうして、いかなる行動も起こさないと仰るのですか？

ラマナ・マハルシ：ラジオからは人の話や音楽が流れるが、ラジオを解体しても、そこには誰もいない。それと同じで、私の存在はスペース（空間）のようなものだ――この肉体はラジオのように話したりするが、肉体の中に行為者としての誰かがいるわけではない。

質問：よくわかりません。もう少し詳しく説明いただけますか？

ラマナ・マハルシ：陶芸家がろくろを回すのを止めても、ろくろは回り続ける。同じく扇風機も、電源を切ってからもしばらくは回り続ける。この肉体は、定められたカルマが創造した。そのカルマが、目的としてきた活動を（それがなんであれ）肉体に行わせる。ジニャーニはそうした活動を体験するが、自分がそれらの活動の行為者であるという考えは持たずに活動を体験している……なぜなら、彼は行為者ではないからだ。なぜそのようなことが起こりえるのか、理解するのは難しいが、ジニャーニはそのことを知っていて、なんの疑いも持っていない。ジニャーニは自分が肉体ではないことを知っていて、自分が何もしていないことも知っている……たとえその肉体が何らかの活動に従事している時でもだ。ジニャーニを肉体の備わった者だと考えている第三者、どうしてもジニャーニを肉体と同一視してしまう第三者のために、このような説明をしている。

質問：気づきの衝撃があまりにも大きくて、肉体はそれに耐えきれないという話を聞きますが、そうなのですか？

ラマナ・マハルシ：真我に気づいた時、直ちに肉体を去らなければならないのなら、一体どのようにして真我の知識……気づきの状態は人々に伝わるのでしょう？　実際のところ、大きな活動でも小さな活動でも、ジニャーニによって適切に、しかも順調に行われる……そしてジニャーニはその活動と自身をいかなる形でも同一視せず、自身が行為者だと考えることもなく、その活動を行う。何かのパワーが彼の肉体を通じて活動し、その肉体を使って仕事をやり終えるのだ。

質問：ジニャーニは違いを見いださないと仰っしゃいましたが、ジニャーニはふつうの人よりも違いを正しく認識しているように思います。砂糖は甘く、ヨモギは苦いと私が感じるなら、ジニャーニもそのことに気づくと思うのですが……。この例に限らず、あらゆる形状、音、味……さまざまなものが、ジニャーニにとっても他の人たちにとっても同じではないでしょうか。そうであれば、なぜそれらが外見上のものにすぎないと言えるのでしょう？　そうした形状、音、味などはジニャーニの体験の一部を成しているのではないでしょうか？

ラマナ・マハルシ：私は以前、同等であることがジニャーニの紛れもない印であると言った。「同等であること」という言葉自体が、違いの存在を示している。あらゆる違いの中にジニャーニが見いだすものが一なるもの《ユニティ》（unity）であり、私はその一なるもの《ユニティ》を同等だと言っている。同等であることは、区別を知らないということを意味しているのではない。気づきが起これば、それらの違いが表面的なものでしかないと理解できるし、その違いは重要でも永遠でもないことがわかる。そして、すべての外見の中で重要不可欠なのは、一つの真理、つまり実在だと理解できる。私はそれを一なるもの《ユニティ》と呼んでいる。

ラマナ・マハルシの言葉を読み漁っていると、驚くべき一節に出会いました。弟子からの「真我が気づかれるためには、賢者と共にいること（サットサンガ）が必要ですか？」という問いに対して、ラマナ・マハルシはこう答えました。「そう、（必要なのは）現れていない賢者、絶対的存在と共にあること……聖典によると、真我の気づきを得るためには、現れていない賢者に十二年間仕える（共にいる）ことが必要だ……しかし、それができるのはほんの一握りの者たちだけなので、次善の策として、現れている賢者、つまりグルと共にいることが必要なのだ」

ラマナ・マハルシの信望厚い高名な弟子プンジャジからは、次のような返事がありました。「バスが到着してから乗車するまでの間に、過去も未来も存在しない〝Void〟（虚空）があった。そのVoidは、Void自体に自らの正体を明かしたのです。それはあなたが過去の何度にもわたる過去生で積んだ徳によるもの……あなたは素晴らしい体験をしています。それは永遠にあなたと共にあるはずです。それは完全な解放……あなたは悟りを開いた聖人たちの解脱（moksha）の境地に入ったのです」

ラマナ・マハルシやプンジャジの教えを受け継ぐガンガジの返事からは、私の体験に対する彼女の興奮が手に取るように伝わってきました。「あなたの手紙を読んでわくわくしました。ぜひ、お会いしましょう。あなたが個としての『私』がいないことを自分でダイレクトに発見したことを、とても喜ばしく思います。あらゆる現象の本質的な空《くう》、つまり純粋意識に気づいたことは、紛れもない達成です。条件付けされた存在に直面すると、最初は大きな恐怖心を感じるでしょう。でもその恐怖心もやがて、空《くう》の意識と同じものでしかないのだと明らかになります」

アンドリュー・コーエンはプンジャジと同門のスピリチュアル・ティーチャーで、個としての自己がないことに気づいた自らの目覚めの体験について、何冊かの本を著していますが、彼からの返事には、ぜひお会いして、あなたの体験について語りましょうとありました。私たちは会って、個としての自己の不在について数時間も話しこみました。何に対しても個としての基点がなく、これまでにも存在していなかったと気づいて生きることが、どれだけ胸躍るものなのか彼は語りました。

私は彼に会えて嬉しかったと手紙を書き、「誰でもないという気づきが自らを現しはじめています。万物の背後に行為者として常に存在していた、非局在的な神秘に気づくことなのですね」と、伝えました。アンドリューと話してから、『私』の不在がいかに精妙優美な無限性にあふれているかがわかりはじめました。この気づきはその翌月さらに深まって、徹底的に前面へ現れることになりました。

アンドリューからの返事には「私たちの出会いが、あなたの既に気づいている状態に大きな影響を与えたと聞いて嬉しいです。初めてお会いした時、あなたは自覚している以上に覚醒について多くを知っているという印象を受けました。あなたは本当に珍しい人です。なぜなら、あなたほどに気づきを得た人（そうした気づき自体が稀なのですが）でも、大抵の場合、その体験においてそれ以上進むことが難しくなる立場を無意識に取るからです。あなたの受容性、受け入れる姿勢は、真の謙虚さの印であり、その謙虚さだけですべてが可能になるのです」

一九九三年の夏、友人が数年にわたって師事している禅師リチャード・マックギアのことを教えてくれました。リチャードは西洋人の有名な老師の戒律の後継者で、非常に有能なスピリチュアル・ガイドだそうです。彼は私の家からかなり近い所に住んでいて、そこで弟子たちのコミュニティに禅修行を教え、個人で心理療法も行っていました。初めてリチャードに会った時に、私は心が通じる友人を見つけたと思いました。

私の話を聞いたリチャードは、あなたはまだこの体験の冬の時代にいるように思う、春の開花時期になれば、求めている喜びが訪れるだろう、と言いました。スピリチュアルな成長段階を四季に例えた彼の説明には「なるほど」と思いました。大いに頷ける説明です。四季は訪れ、昔からの独自なリズムで移ろっていきます。それは神秘のなせる業《わざ》であり、個々の行為者によって移ろうものではありません。永遠なる、揺るぎない順番で移ろっていくのです。春は必ずやってきます。必ずです。リチャードは、私が空《くう》の一つのシーズンに出会ったばかりで、それが移ろうことを信頼していいと請けあってくれました。たとえ長い冬の後でも春が必ずやってくるように、この体験も移ろうのだと言いました。

リチャードは、個としての自己の不在を詳しく述べた教えの信頼できる背景や、中国の古のマスターたちに関する禅の逸話や秘話について教えてくれました。そして、私が先人たちと「同じ目で物事を見ている」ことをわからせてくれました。彼が出会った人たちの中でも、私は最も典型的な経験をしているそうで、古代の教科書通りだ、と言われました。私は笑いながらこう答えました。「それなのに、自分は気がおかしくなったと思っていたのですね！」「その反応も教科書通りだ」と、彼は言いました。

リチャードからもらった最大のギフトは、春の到来を知ったことでした。そして春は本当にやってきました。

十一年間続いた冬は耐え難いものでした。マハリシは、「それが悟りだ」と請けあってくれるグルが必要だと言っていました。恐怖心が「我こそは真理なり」と迫ってくる時、人がどの程度、自分独りでその恐怖心にさらされたままでいられるかを、マハリシのその言葉は物語っています。個としての自己が不在でも、依然として残る個人的要素のようなものは、常に恐怖心の影響をこうむります。恐怖がそのように大きな規模で襲ってくる時、それらの個人的要素は機能的な面で行き詰まります。それはまるで針が溝にはまったレコードのようです。個人的要素が行き詰まると、その経験が固定化されて身動きが取れなくなり、四季もその単純で自然な移ろいのサイクルをたどれなくなるのです。

私は空《くう》の中にはまりこんでいました――リチャードの言う「禅病」です。そして、その病は意地悪い悪循環に陥っていました。起こったことに怯えた私は恐怖心から殻に閉じこもり、それがまたさらなる恐怖と孤独を生んでいたのです。

彼はまた、私のように突然かつ完全に空《くう》に移行するのは珍しいとも言っていました。彼が見てきた人たちの移行は段階的に起こり、各段階でオープニングがあって、適応するための休憩をはさんだスケジュールで進んでいたそうです。しかし私のような意識の突然のシフトは珍しく、それ故に孤独でもあるため、人が「その体験に馴染んで」意味を見いだすまでに、恐怖レベルが上昇してしまうことがあります。マインドは、空《くう》の体験をつかめないのだと学ぶ必要があります――実のところ、空《くう》の体験をつかむ必要などないのです。しかし、マインドはつかめない体験を快く受け入れません。マインドはその体験を理解できないという理由だけで、その体験を病的なものと見なす傾向があります。そうしてマインドは、その体験が間違っている、異常だとするメッセージを送るというわけです。

私はなぜ恐怖心がまだ湧き上がってくるのか、リチャードに問い続けました。彼は伝統的な仏教の見方を引き合いにして、恐怖心の存在は何かがまだ完全でないことを意味していると考え、その恐怖心を取り払うための修行を提案しはじめました。私はその修業ができる誰かがいないのだ、と答えました。修行者となる、局在的な行為者が存在しないからです。

私たちの友情において、この時期がターニングポイントとなりました。恐怖心を取り払う方法を見つけるよう提案するということは、その修業を行える個としての行為者がいるという前提でリチャードが話しているということです。彼はまた、恐怖心の存在は何かが間違っていることを意味していて、それを取り払うべきだと仄めかしていました。どうやら彼は、個としての「私」の不在を自分自身で体験したわけではないようでした。リチャードはこう考えていたのです。恐怖心があるということは、その恐怖を感じている個としての基点があるに違いない、と。でも私は、個の不在の体験について彼と論じている間ずっと、その恐怖心は誰かのものではないと主張してきました。

私はリチャードに対する疑問を口にするようになりました。あなたは本当に、個としての行為者がいないことをあらゆる瞬間に気づいている体験をしているの？……彼はそれを体験しているという印象を与えてきましたが、とうとう自分自身はそれを体験していないと認めました。彼は長年にわたって古代文献を研究してきました。そしてあらゆる事象の空《くう》を一瞥した体験（それは数分から数週間続きましたが）がありました。彼はそうした研究や体験に基づいて、私の体験を解説していたのです。

リチャードは伝統的な禅宗を知る権威者のように語っていたため、実際よりも専門知識があるような印象を与えていました。しかし、彼は空《くう》を完全には理解していなかったので、私の恐怖心に関して手を貸すことができませんでした。しかも彼は、禅の考えと同じくらい心理学論からも影響を受けていたので、成長のためには「キャラクターワーク」が必要だと考えていました。自分のキャラクターに取り組むべきだと彼が言いはじめた時、私は「自分のキャラクターに取り組むことのできる個としての行為者」がいるという前提で、彼がアドバイスしていることがわかりました。私はそうした行為者が存在しないことを既に理解していたので、「キャラクターワーク」という彼のアドバイスを奇妙に思ったのです。

私はそうした内観を行う「私」がいないのだと彼に再度伝えました。実際のところ、向き合うべき「内面」が存在しないからです。私が話していた体験を彼も体験していたわけではないことが明らかになると、私はこれまでの礼を言って彼のもとを去りました。

第八章　空《くう》の秘密

真夜中
波は引き、風もない
打ち捨てられた船に
月明かりあふれる

——道元

我在らぬが
宇宙が我なり

——石頭希遷

自分の体験について手紙を書き送った人たち全員から、安心していい、大丈夫だ、という返事をたくさん受け取りましたが、無我の冬の時代はまだ大きな喜びを運んできていませんでした。ところが喜びは唐突に訪れようとしていました。それはなんの前触れもなく、気づきの岸辺に決定的に打ち寄せられたのです。十二年前、自己の消滅の最初の波がふいに押し寄せて来たのと同じくらい急に、それは起こりました。

私の意識状態は、自己の不在という明らかな体験から次の段階に急速に移ろうとしていました――それは個としての自己が不在なだけではなく、他に誰もいない体験でした。言い換えると、私は一《ユニティ》なるものの気づきへと永遠に移行しようとしていたのです。その一《ユニティ》なるものの気づき下では、私の意識を支配していた空《くう》が、実は万物の実体そのものだったと判明しました。このように空《くう》の秘密が明らかになると、私はそれを「広大さ」と表現するようになりました。

とりわけ忙しかったある週の半ば頃、友人たちに会いに車を北へ走らせていた時のことです。私は突然、自分を通して車を運転していることに気づきました。もう何年も自己のかけらもなかったというのに、車を走らせているその道路で、すべてが自分自身になっていたのです。そして私は、自分が既にいる場所へ向かって自分を通して運転していました。つまるところ、私はどこにも向かっていませんでした。なぜなら、私は既にあらゆる所にいたからです。私が自分だと思っていた無限の空《くう》が、今や目にするものすべての無限の実体であることがわかりました。

空《くう》の広大さへと移行したことをきっかけに、私は集中して瞑想するようになりました。毎朝晩、何時間も広大さの中で座っていると、空《くう》という名の木に花々が姿を見せはじめました。人里離れた所でリトリートをしようという強い思いが湧き上がってきたので、私は一月の半ば頃、サンタクルーズの山中にある仏教徒のリトリートセンターで、週末を過ごすことにしました。

センターに向かって冬景色の中を走り抜けていると、すべてが柔らかさを増したように見えました。山々も木々も、岩も、鳥も、大空も、すべてがそれぞれの固有性を失っています。じっと見つめていると、目にしたものが最初はすべて一つに映りました。そして知覚の第二波が訪れると、ようやく違いが認識できました。しかし見たものすべてを成している実体を知覚したのは、肉体を通してではありませんでした。むしろ、広大さがそのあらゆる地点で自らを知覚していたのです。心地よい平穏がすべてに広がっていました――恍惚も至福もなく、ひたすら平穏でした。

それと同時に別の事象が現れはじめ、それは今日まで続いています――その事象を言葉にするなら、「体験的かつ知覚的な一《ユニティ》なるものへと密度を増すこと」としか表現できません。あの日以来、私は常にあらゆるものの「実体」を通り抜けながら、同時にその「実体」でできているという体験をしています。これが最初に体験されたものでした――すなわち、一《ユニティ》なるものを成すもの、一《ユニティ》なるものの感触、一《ユニティ》なるものの趣、一《ユニティ》なるものの実体です。この非局在的な、無限の実体は、目や耳や鼻で知覚されるのではなく、その実体そのものによって自らを知覚するのです。一《ユニティ》なるものの実体が自らに出合うと、それ自体が自らの感覚器官を通して自らを知ります。姿かたちはワンネスの砂浜に描かれた絵のようなもので、その絵も、砂も、絵を描く指も、すべてが一つなのです。

広大さと向き合った私は一つの洞察を得て、まさしくその洞察が恐怖心を露呈し、その縛りを解き放ちました。すなわち私は、マインドが誤った考えにしがみついていたことに気づいたのです。その誤った考えとは、無我の体験の正当性に対して、恐怖心の存在が何らかの意味を持つという考えでした。恐怖心はマインドをけむに巻いて、恐怖心の存在が何かを意味していると思いこませていたのです。しかし実際は、恐怖心の存在が何かを意味するのではありません。確かに恐怖心は存在していましたが、それは存在しているだけでした！　個としての自己がいない体験を、恐怖心の存在が無効にするわけではありません。恐怖心はただ、そこに存在しているだけなのです。

個としての自己が存在しないのだと理解されるために、恐怖心がどこかへ行く必要はありません。そもそも、恐怖心がどこへ行けるというのでしょう？　自己など最初から存在していません。変わるべきもの、消されるべきものなどありませんでした。すべては、そこに在るだけでよく、何もする必要などなかったのです。あらゆることが同時に起こっています――形体、空《くう》、苦痛、悟り、不安、目覚め……すべてが同時に生じているのです。一度それを理解すると、こんなに簡単なことだったのかと思えました。

恐怖心の縛りが解け、一挙に喜びが湧き出てきました。空《くう》の体験が、とうとうその秘密を明かしたのです。空《くう》は、万物の実体そのものにすぎないのだと明かされました。ようやく私は、ずっと目の前にあったのに恐怖心によって覆い隠されていたそれを理解しました。個としての自己が存在しないだけではなく、他の誰も存在しなかったのです。自己も、他人も存在しません。すべてが、同じ広大さの実体によって創られているからです。

その日の午後遅く、リトリートセンターに着いた私は、山小屋で荷をほどくと、近くの森へ散歩に出ました。自分が無であると同時に、すべてであることがわかっていました。そしてそれは、万物に共通して言えることなのです。どうしてこのことを見失っていたのでしょう？　ずっと目の前につきつけられていたのに……空《くう》と同じくらい密接に、空《くう》と同じくらい無であると同時に、完全であると見せられていたのに……。

リチャードから聞いた禅の話一つ一つがどっと蘇ってきて、私は大笑いしながら号泣しはじめました。笑いも涙も止められません。あらゆる洞察に力尽きる思いで、私はとうとう地面に転がりました。十二年もの間、私は空《くう》を知り、目撃し、呼吸していたのです。そして今やその空《くう》は、無の完全性という大波となって宇宙を貫いていました。すべてが無の中で一つになっているということは、この世界でもっとも明らかな事実のように思われましたが、私がそれに気づくまでに途方もない時間がかかりました。その事実自体がその理に気づいたと言えるかもしれません。

言うまでもなく、その日以来すべてが変わりました。「私」がもはや存在しないという事実、私だけではなく誰もいないという事実が、とうとう完全なまでに一つの気づきにたどり着きました。その気づきとは、自分ではないものは存在しないというものです。自己など存在しない時、そこに残るのは「すべてであるもの」なのです。

マハリシは「宇宙意識」「神意識」「統一《ユニティ》意識」という目覚めの三段階を説明していましたが、今それらが信じがたいほど身にしみて理解できるように思われました。最初の数か月は、起きている時も夢を見ている時も寝ている時も目撃者が気づいている状態が続いていましたが、どうやらそれが宇宙意識だったようです。それまでの知覚の仕方、感じ方がすべての面で急激かつ徹底的に変化したため、その宇宙意識はマインドを震え上がらせました。

統一《ユニティ》意識への大きなシフトも分かりやすいものでした。まずは、万物の実体が知覚されてから次に個々の違いが認識される時、それがどの意識状態なのかは疑う余地もなかったからです。

それにしても依然として不思議だったのは、マハリシの言う「神意識」が何を意味していたかということです。彼はいつも神意識のことを次のように説明していました。神意識とは、万物が神聖さ（神性）と融合して知覚される状態のことだ。知覚者は神の意識状態をもってダイレクトに知覚する――しかし私が体験したことは、どれ一つとして彼の説明には当てはまりませんでした。仏教徒は「人は個人として存在していない」とはっきり説いていますが、その体験と似たものをマハリシが説明するのを聞いたこともありませんでした。

神意識とは、誰でもないという意識のことかもしれない……私がようやくこの考えにたどり着いたのは、ホルヘ・ルイス・ボルヘスによるシャイクスピアの物語を知った時のことでした。「シェイクスピアの中には誰もいなかった」と始まるその物語は、こう説明しています。子どもだった頃のシェイクスピアは、「自分は誰でもない」ことを全員が知っていると思っていた、と。しかしシェイクスピアがそのことを友だちに話すと怪訝《けげん》な顔をされたため、彼は「自分の思い違いに気づき、人は他者と同じようにしているほうがいいのだと気づかされた」とのことです。物語は空《くう》の冬の時代の日々を描いています。空《くう》の冬の時代、すなわちマインドが恐怖心に掻き立てられて、個人としての基点を取り戻そうと手を尽くす日々で、それは私のマインドが試みたことでもありました。マインドは身近な人々や強烈な感情状態、あるいは性的な関係などの中にその基点を探そうとしましたが、それらが「誰か」を指し示すことは一瞬たりともありませんでした。

ボルヘスの物語はこう続きます。シェイクスピアが役者になった時、彼は最高の仕事だと思いました。なぜなら、「彼が演じている役柄を信じているふりをする観衆の前で、その役柄であるふりをすることができる」からです。シェイクスピアは生涯を費やして「誰かである感覚」を再構築しようとしましたが、その試みは決して成功しませんでした。それでもシェイクスピアの周囲の人々にとっては、彼はちゃんと誰かであるように映っていたというわけです。

物語の最後はこうでした。「死の前、あるいはその直後に、シェイクスピアは神を前にして言いました。『私は多くの人間を演じてきましたが、本当のところは一人の人間……つまり自分自身になりたいのです』。神の声が旋風の中から答えました。『私にも自己はない。シェイクスピアよ、私はお前が自分の仕事を夢見たように、世界を夢見た。そして私の夢の形の中に、私と同じようにお前が存在し、多くの人間が存在し、誰も存在していないのだ』」。

この物語はフィンクションと称していますが、シェイクスピアはいつも恐怖心に惑わされて、空《くう》を間違いであり問題であると考えるよう（その恐怖心によって）仕向けられていたと述べています。恐怖心が存在するということは、空《くう》が「おかしな病気」であることを意味するのだと彼は考え、自分が誰かであるように見えるよう苦心しながら生涯を費やしました。私には彼の行動がよくわかります。ふいに無我に目覚めてからの十年間、私は誰かであるように見せかけようとしていました。そのような試みをあおる恐怖心は容赦ありません。想像できない、つかめない、考えることもできない広大さとの接触は、マインドを恐怖のどん底に突き落とし、そのどん底でマインドは何かが恐ろしく間違っていると考えます。そうでなければ、恐怖は存在しないはずだからです。これが空《くう》の冬の時代です。

物語の最終章では、神の意識とは誰でもないことに気づくことだと断言しています。無限なるものの観点からすれば、個としての自己が存在しないことは明らかです。物事を支配したり解決したりする自己、行動の背後にいる行為者としての自己を私たちが有すると考えるのは奇妙なことです。なぜなら個としての自己は、私たちの正体を示す観念でしかないからです。観念は観念でしかなく、それ以上ではありません。観念は行為者にはなれず、何かの創造主にもなれません。観念はそれ以外のものになりえない――それ以上でもそれ以下でもないからです。

第九章　広大さを生きる

行いが正しいか間違っているかという考えを超えたところに
ある次元が存在する
そこで私はあなたを待っている
その次元の草むらに魂が横たわると
世界が喧騒にあふれているのがわかる
考え、言葉、フレーズでさえも
意味をなしていないのだ

――ルーミー

この人生は今、私そのものである無限の広大さの絶えざる意識の中で進んでいました。この状態では基点のかけらもないというのに、感情や思考、行動、反応があらゆる方面において同時に存在していました。無限なるもの――万物の実体であると同時に、万物が現れては消えゆく海でもある無限なるものは、絶えず自らに気づいています。たとえマインドと肉体が眠っていようと、夢みていようと、目覚めていようと。

あらゆる瞬間において、この肉体とマインドの回路は広大さの感覚器官を意識的に共有し、無限なるものはその感覚器官を通して自らを知覚します。所在を確認できる「私」というものは決して存在しません。実のところ、広大さの「所在を確認できないこと（非局在性）」こそが、この体験の主たる特色であり、この非局在性の無限性は、どこまでも無限であることを絶えず自らに示しているというわけです。

パリのあのバス停で「私」は消え、それ以来いかなる形でも戻ってきていません。この消滅がきっかけで、それまで自分の人生だと思っていたものを歩む行為者としての「私」が、実は一度も存在していなかったという気づきが起こりました。最近になってさらに明らかになったのは、「私」が存在しないということだけではなく、「他人」も存在しないということです。この「他人もいない」ということがあまりにも顕著なため、それ以外のことが気づかれないほどです。無限なる実体はそれ自体で構成され、人生はその無限なる実体によって進められているというわけです――そして私たちすべてを指すその実体は、自らを通して絶えず自らを意識しています。なんと不思議な生き方でしょう！

広大さは、自らが広大であるために、何かが消えるべきだとは求めません。そもそも、この広大さの中でどこに行けば消えることができるのでしょう？　とは言え、「個人を示す」感情……たとえば羞恥心や自意識、後悔、羨望、自己憐憫、内省、内観といった感情はすっかり湧き上がらなくなりました。そうした感情を持っていた個としての自己がもう存在しないため、それらの感情にはその形を成すための主体がないからです。

個人を示すあらゆる思考、身体感覚、感情、行動についても同じことが言えます。そうした経験は起こり続けるのですが、それらはもう誰か（私）を指し示していません。それにそうした経験は、もはや個人的な目的を果たしたり目標を達成したりするために起こるのではありません。思考は決して行動や発言に先立ちません。すべてが即座に起こる、個人的な意図のない言動なのです。それがどんな思考、感情、行動であれ、それらはそこに在る（起こる）という解釈しかされません。思考は思考、感情は感情、行動は行動である……広大さは純粋にそう受け止めます。その思考は正しいのだろうか間違っているのだろうか、などと不思議に思うこともありません。善悪の判断も起こらず、すべてがただ在るのです。

その状態では、「問題」として体験されるものもありません。人は何かを問題と見なす時、それを解消するためには何らかの策を講じるか、何かを解決しなければならないと考えるものです。しかし私は、どのような状況や経験、相手であっても、それらがそれ以外のものに変わるべきだとは決して考えません。なぜなら、それらは無限なる広大さだからです。広大さが広大さであるためには、何かが変化すべき、消えるべき、ちがう形に変わるべきだということも一切ありません。広大さはあらゆる人、事象なのです。

たとえば怒りといった強い感情との関係性を考えてみましょう。広大さと怒りの関係性は、海とそこに浮かぶ海藻の関係性のようなものです。海は、そこに海藻があるからといって文句を言いません。海が海であるためには海藻を除去すべきだなどと主張もしません。同じく広大さも、そこに怒りや何らかの感情が起こるからといって——起こると同時に、それは広大さでもあるのですが——文句を言ったり、そうした感情が起こるべきではない、と主張したりもしません。その感情がどれだけ数多くても、あるいは激しくても、広大さは決して変わらないのです。何が起こっても、それは問題として見なされません。

広大さが、出会う人々の中で自らとダイレクトに対面するようになったのはつい最近のことです。私が「空《くう》の冬の時代」と呼ぶ経験の最初の十年間、誰でもないという事態はおかしいのではないかと大きな恐怖心がありました。その恐怖心は問います、「関係を築く誰かがいないのに、どのようにして関係を築けるのだろう」と。しかしそんな疑問をよそに、誰か……つまり私を通さずに関係は築かれるのです。非個人的な目的をもって、個としての自己が不在の状態で築かれる関係の不可解さに、マインドは完全に当惑していました。しかし月日を経るにつれ、マインドはそうした恐怖心とは裏腹に、通常の機能は決して損なわれないのだと認めざるを得なくなりました――人間関係の構築、育児、仕事、勉強、請求書の支払い……そうした機能はつつがなく果たされていたからです。

人間関係の冬の時代、私は自分が誰でもないのだと知っていたにもかかわらず、相手が自分に抱く人間像を装う試みが常になされていました。「誰かである」という記憶は残っていた上に、「誰でもない」というマインドの不安があまりにも大きな恐怖を呼び起こしたため、人間関係は恐怖心を起源とする「誰か像」を生み出しました。しかし、不安や恐怖の存在が一つの事実を示しているにすぎない――すなわち、不安や恐怖、その他もろもろも、広大さの中で同時に存在しているのだと明らかになると、人間関係の冬の時代という季節も変化しました。

人間関係の春の時代はすばらしいものでした。無限なるものは万物の実体であり、独自の感覚器官を使って自らのあらゆる粒子の内側から自らを知覚します。その無限なるものの目を通して、人間関係は個人としての行為者とは無関係に築かれるのだと理解すると、その視点があまりにも斬新なため、マインドは仰天して、この不可解な真理を理解することは無理なのだと認めるしかありませんでした。ひとたびマインドが自らの理解力の限界を認め、外側に広がるものを病的なものと見なすのをやめると、自らを体験している広大さの非個人的な、言葉で表せないほどの喜ばしい様相が、急激かつ永遠に広がりました。

万物が同じ実体でできていると理解すると、人間関係は存在しなくなりました。なぜなら、そこには他人の体験というものがなくなったからです。他人がいなければ、関係を築く分離したものも存在しなくなります。もちろん人間関係の機能は変わらず続き、損なわれることなく存在しているようには見えていました。

パリのバス停で起こったように思われる出来事を説明すると、この人生の人間の回路が、自らを常に知覚するために広大さが使っている感覚器官を意識的に共有したのです。広大さは万物の実体であり、あらゆる場所に形を有して存在しています。形は広大さの中で同時に広大さとして存在しています。砂の上に描いた絵は、絵自体が絵の中と外と同じ物質でできています。それと同じように、形として現れているように思われるものすべてが、広大さと別物ではないというわけです。

人間の回路も同じ実体でできています。広大さが自らを知覚するために常に使っている感覚器官を、その人間の回路が意識的に共有した時、その回路は自らの感覚器官ではなく広大さの感覚器官を通して、無限なるものの実体がそれ自身の自然な発現状態だと気づきます。

そのことに気づくと、人間の回路が広大さの波動と意識的に共振し、そこにあるものすべてに対して、絶えざる畏敬の念を抱きはじめます。

先述したように、個としての基点がないことが明らかになると、基点などもともと存在しなかったのだということも明らかになり、これまでも現在も、あらゆることが見えざる行為者によってなされているのだとわかります。この見えざる行為者は、行為者として理解されている時だけ物事をやりはじめるのではありません。それはずっと行為者であったわけで、個としての自己は行為者ではなかったのです。そのようなわけで、人生は通常通り繰り広げられ、広大さに気づく前と同じようにすべてがなされます。どのような状況でも個としての行為者は存在していなかったため、この真理への気づきが起こったからといって機能が変わるわけではありません。あらゆる機能――考えること、感じること、行動すること、人間関係を築くことなど――は相変わらず続きます。以前と違うのは、そういった機能が誰かを示していたり、誰かに属していたりしていなかったのだ、と明らかになったという点です。

同じく、本書で使用している個人の代名詞も誰かを指しているわけではありません。「私に」「私が」「私の」という言葉は、誰のことも示していません。それらの描写は広大さの特徴の一つなだけです。無限なるものが自らの力で自らを体験している――そこにはそれらの描写が指し示す「誰か」など決して存在しないのです。

さまざまな機能が続いてはいましたが、それらの機能が個人的な目的のために果たされていたわけではないこと、自由のためには当然だ（なされるべきだ）と広大さが見なす物事を行うために、それらの機能が果たされていることが今や明らかになりました。広大さには、あらゆる人々の回路を利用しながら、自らを通して自らをダイレクトに知覚するという非個人的な願望があります。その回路が広大さの感覚器官を意識的に共有することが、自由な状態――すなわち、人間の自然に起こっている状態です。広大さは、その自由が現れるためのもっとも直接的な方法を自らの内面で知っています。この神秘的な広大さのために人間の回路がその時々で利用されていて、それはこれまでも常にそうでした。

人間関係においても同様で、個人を示す思考や感情、感覚が起こらなくなったという点をのぞいて、あらゆる機能が変わらず続いています。たとえば、性的能力も依然として機能していますが、その機能には個人的な欲望がありません。性は個人的な願望に仕えず、今現在の性別を示しているだけで、それ以上の深い意味合いなど持ちません。他のあらゆる機能と同じく、神秘的で非個人的な目的のために広大さが当然だと見なす時に、性的機能も果たされます。性交渉が起こる時、そこには性交渉を行う自分も他人もいません。このようなことがマインドに理解できるでしょうか。

自由な状態であらゆる機能が続けられているのは、生き方としては最高です。恐怖心はそれを殺伐とした空《くう》として捉えるかもしれませんが、その生き方は殺伐さとはほど遠いものです。人は自分を失いたくないと言います。自分を失うと、愛や喜びや深い感情を得られなくなると信じているからです。しかし、そのように信じている人たちは、個としての自分が一度も存在していなかったことを理解していないのです。失うものなどありません。個人的なもののように思われる愛は、マインドが考え出した「分離している感覚」を土台にしています。そのように分離した状態での愛は、満たされるために他者と融合したいという渇望を伴います。しかし広大さの観点からすれば、他者など存在しません。広大さが自らの視点ですべてを広大さだと捉える時、そこには究極の親密さがあります。広大さが自らの内で波打ちながら、自らのあらゆる分子を通して自らを知覚していると、広大さのその時々の様相は愛をもたらします。その愛は無限で、マインドが求めている理想的な愛として築きうるものをはるかに超えています。

喜びや愉しみもまた、その非個人的な様相を備えたすばらしいものです。自然に起こっている状態の広大さの中で生きるということは、非個人的な愉しみや喜びの海の中に身を浸すことです。この喜びや愉しみは何者にも属さず、誰かを示したり誰かに属したりしているように思われる喜びや愉しみとは、似ても似つかないものです。空《くう》はあまりにも満ち足りていて、あまりにも完全で、自らにとってこの上なく快いものです。

広大さの目は、宇宙のすばらしい慈愛を見つめています。その宇宙はあらゆる面で完全に信頼のおけるもので、恐れるべきものは一切ありません。あらゆる瞬間において万事が申し分なく取り仕切られ、これまでもずっとそうでした。その目を通して広大さがこのポストモダン世界を見つめる時、広大さは心動かされて、起こっている苦しみのさまざまな形に、どうにかして語りかけたく感じるのです。

二十八歳で空《くう》との衝突が起こったことを考えると――私自身はそれを探求していたり、師がいたり、伝統的な家系に生まれたりしたわけでもなく、しかも個人の不在という話を聞いたこともない頃にそれは起こったのですが――スピリチュアルな修養の価値に注意を向けさせるために、広大さがこの回路を訓練していたように思われるのです。空《くう》との衝突のあの起こり方から分かるのは、空《くう》はマインドのゴーサインを待たずに、自ら前におどり出るということです。無限なるものは、自らが存在するために、マインドによる理解など待ちません。実のところ、無限なるものの認識は、マインドの範疇外にあるからです。無限なるものは自らの力で自らを認識します。

すると疑問になるのは、スピリチュアルな修養を行うことの価値、古い文献の研究や、「スピリチュアルな」生活を送ることの価値についてです。ほとんどの修養、修行は、それを行うことによって特定のゴールに到達できる「私」の存在を暗示しています。しかし、個としての自己を持たない非局在的な広大さに到達するために、そのような「私」が修養を積むのだとしたら、そのこと自体がパラドックスを示しています――個としての行為者がいないことを認識するために、修養を積むべき個としての行為者が存在する、と仮定しているからです。

しかし、この個としての行為者への言及は、無限なるものが存在するということと完全に矛盾しています。この人生で、あのバス停での体験が起こって以来、個としての行為者など、現在もこれまでも存在していないことが明らかになりました。特定のテクニックやライフスタイルは、目覚めを起こすためにそれを「行うべき私」がいることを暗示していて、そもそも存在していない因果関係が存在していることを前提にしています。しかし存在していない個としての「私」が、目覚めを起こすために一体どのようにして何を行うべきだというのでしょう。

しかもスピリチュアルな修養の多くは、目覚めはどこか他の場所で起こるもの、到達すべきものだとしています。けれども私たちは常に広大さなのです――いつ何時でも！　それが人間の自然に起こっている状態です。広大さがどこに行くというのでしょうか。どこに無限なるものが隠れることができるというのでしょう。私たちはすでに広大さであるのに、広大さになるために、何をすべきだというのでしょうか。

多くのテクニックは、本当の自分になるためには何かを解消、あるいは浄化すべきだと提案しています。しかし広大さは常にすべてなのです。広大さの外側に存在するものなどなく、広大さから排除されるべきものもありません。そもそも無限なるものの話をしているのですから。

広大さに気づくためには、マインドを停止させるべきだと仄めかすスピリチュアルな教えもあります。そうした教えの前提は、マインドの相対的な活動が目覚めと関係しているというものです。もちろん、マインドを静めたり停止したりするための修行が行われると、静かなマインドという結果が得られるかもしれません。しかし無限なるものは、マインドによって知覚あるいは理解されるものではありません。無限なるものは自らを認識するからです。

この人生において目覚めが起こったのは、マインドが停止したからではありません。心理的テクニックや精神的テクニックを用いたわけでも、特定の原因や明らかな原因があったわけでもありません。そうではなく、広大さが神秘的な形で姿を現したのです――私はただ、バス停に立っていただけなのですから。それなのに、目覚めが起こるために、特定の手法やテクニックが必要だと論じることなどできるでしょうか。

私は個としての自己の不在に気づくために、特定のテクニックなど用いなかったので、そうした修養をお勧めできません。厳しい修養を積むと、目覚めた状態についてあれこれ思い描くことになるかもしれません。なぜなら、マインドはその状態がどのようなものか決めてかかろうとするからです。しかし、その状態を理解できないマインドがそれを推定することなどできるでしょうか。広大さは想像を超えたものです。それは常に在るのですが、無限なるものはマインドを通して知覚するものではないので、マインドはそれに気づくことができません。無限なるものは自らを知覚するからです。

修行をすべきではない、と言っているわけではありません。ただ、修行をする行為者としての「修行者などいない」と言っているだけなのです。これはどんな活動についても言えることで、歩く者はいませんが、歩くことは起こります。運転する者はいませんが、運転は起こっています。考える者はいませんが、考えは起こっています。修行者が（今も過去も）いないからといって、修行が起こらないという意味ではありません。特定のスピリチュアルな修行を積むのが当然のことなら（起こるべくして起こることなら）、修行は起こるでしょう。瞑想、チャント、旅、儀式として歩き回ること、祭壇を作ること、特定の食物を食べること、決められた活動をすること、目当ての師を訪ねることなど、そうしたさまざまな行為も、それが当然のことなら（起こるべくして起こることなら）、これまでと同じように、万物の奥に存在する神秘的で非局在的な行為者によって行われるでしょう。そうした修行が行われなければ、広大さ（あなたは既に広大さなのですが）に気づくことはできないし、それはスピリチュアルな修行に失敗したことになるという考えがありますが、そうした考えを土台にして修行を行うのは、存在していない「私」の順調な機能を土台にして人生を築くということです。

無限なるものは、神秘的で理解不能で想像を超えるやり方で、自らをマインドに明かします。しかしマインドはもともと、自らが理解できないものを拒絶する傾向があります。ですからマインドが広大さに出合うと、マインドは広大さを過小評価したい衝動に駆られるのです。たとえば、多くの人が私にこう言いました。「あなたの言う広大さを体験しましたが、まったく空虚で薄っぺらい感じがしました。再び広大さを目指そうという気にはなりませんね」と。しかし彼らが描写しているのは、自らを体験しているつかめないもののことではなく、つかめないものと触れているマインドのことです。「誰か」が詰まっていると思っていた経験の中に、実は誰もいないのだとマインドが知ると、マインドは仰天し、「空《くう》などまったく望ましいものではない」という、もっともらしい主張を積み上げはじめます。

私の場合、マインドは自己の不在を排除しようと試みて、それを病的なものと考えることに全力を尽くしました。しかし、その試みは失敗に終わりました。多くの人が私にこう言いました。自分のマインドは空《くう》を追い払うことができたが、そのつかめないもの（理解できないもの）との接触が、マインドにとっていかに不快だったかという記憶だけが残った、と。そうしてマインドはその記憶を証拠とばかりに、空《くう》は何がなんでも避けるべきものだと考えるのです。

マインドが個としての基点の不在と接触したとしても、広大さをダイレクトに体験したと考えるべきではありません。どんな場合であれ、広大さをダイレクトに体験することは、マインドを通してなされることではないからです。個としての基点の不在との接触は、広大さに対するマインドの反応であり、それ以上のものを指すわけではないのです。

個としての行為者は存在しないと書きましたが、だからと言って何もなされないという意味ではありません。確かに個としての行為者はいませんが、車は運転され、子どもには食事が与えられ、人間関係が築かれることは明らかです。マインドはそれらのことが行われるのを見て、それらを行っている誰かがいるのだと結論づけます。誰かがいなければ、それらのことは起こらないと考えるからです。しかし広大さは、「活動が起こるための行為者などいない」ことに、マインドが気づいてくれるまで待ったりしません。活動は、場所を持たない起源によって常に行われてきました。その場所を持たない起源は、解釈や理解を目指すマインドを混乱させます。広大さ自体は、「活動が行われるのなら、それをする誰かがいるにちがいない」などと解釈しません。広大さは、あらゆる事象と同じく、活動も場所を持たない起源によって自然に行われているのだと捉えるのです。

広大さは、自らを体験するという非個人的な願望を抱いています。広大さがどこを向いても自らに出合うこと――これが人間の人生の目的のように思われます。人として成長することや、精神的に進化するという意図は、あらゆる面で広大さの在り方に反しています。目覚めへの探求は、ある未来のイメージを作り上げ、今実際に在るものを堪能させないようにします。どこかへ到達したり、今とは違うなにかになったりすることを仄めかすような進化の方法には、それがどのような方法であれ価値を見いだせません。どこかへ向かう旅路に足を踏み出したとたん、今ここに在るものの素晴らしい価値がわからなくなるのです。さらに重要なことなのですが、人々が到着しようとしている「どこか」は、本当のところ見つかるものではありません。それはいつでもどこにでも在るからです。

スピリチュアルな目覚めへの到達に関する考えはすべて、修行を積んで目覚めに到達できる誰か（あなた）がいるという前提に基づいています。しかし、その誰かは存在しません。たとえば、よくあるスピリチュアルな考えの一つに、「無限なるものが自分を通って流れるためには、ゆだねる必要がある」というものがあります。この考えは、ゆだねる方法を解釈できる、存在していない誰かがいると仮定しています。スピリチュアルな修行も心理学的な修行も、一つの例外なく、本来の私たちに関する「考え」が、本来の私たちの「真実」であるとしています。自分たちは活動を起こしている行為者だという考えがあるからといって、私たちが行為者であるということにはなりません。その考えが真実であるとどれだけ信じようが、それが真実にはならないのです。

自由になるためにはマインドを停止させるべきだという考えもあります。しかし、誰がマインドを停止させるというのでしょう。他の物事と同様に、マインドもマインドでしかありません。考えを生み出すマインドが問題ではないのです――考えを生み出すことがマインドの仕事だというだけです。他の物事と同様に、マインドも広大な空《くう》の一部です。マインドが活動していようが静まっていようが、この空《くう》は決して変化しません。広大さが自らに自らを明かすためには、マインドが何かをする、あるいは何かをやめるまで無限なるものが待つというわけでもありません。マインドが停止すべき場合があるのなら、それは深遠な謎の一環として停止するでしょう。

問題が起こるのは、思考の存在は何かを意味しているとマインドが解釈する時だけです――たとえば、思考が起こるのを止めなければ、自分はだめな存在だ、スピリチャルではない、瞑想もうまくできないのだと考えることがあります。そうした単なる考えを、考え以上のものであると解釈しない限り、その考えは問題にはなりません。そうした考えは単なる考えだと解釈されれば、考えが同一化されることもないからです。物事をそれ以上でもそれ以下でもない、そのままの姿として解釈するのが気づきの状態です。そのように解釈するのが、広大さが万物を見るやり方だからです。

物事をありのままに見るのは、広大さの目で広大さを見るということです。この見るという活動は、私たちが意識的に気づいているかいないかに関係なく、いつも起こっています。広大さはマインドにとらわれません。マインドは、「人生を生きているのは、個としての私だ」と信じさせようとします。しかし広大さは、マインドのその試みすべてを見ています。「本当の自分」という考えは、マインドの目前にしゃしゃり出て、それが単なる考えではなく「本当の自分」なのだと主張しますが、広大さはそれも見ています。そして広大さはあらゆる場所に無限なるものを見て（無限なるものは他に居場所などないのですから）、無限なるものを探している人々を見ているというわけです。

人々からもっとも多く寄せられた心配事は、無限なるものから「切り離された」ような感覚に陥ることについてです。彼らは、広大さをはっきりと体験してから、それが「どこかへ行ってしまった」と感じるのなら、とてもつらいだろうと考えます。ですから無限なるものとずっとつながっていられる方法を知りたがります。この疑問そのものに、自らを真実であると押し通そうとしている二つの前提が潜んでいます。その一つ目の前提は、無限なるものと「切り離される私」が存在していて、その「私」が然るべきテクニックを用いて「専心すれば」、無限なるものと再びつながることができるというもの。二つ目の前提は、無限なるものがどこかへ行ってしまうというものです。いかに考えというものが真実のように見せかけるのか、この二つの前提からよくわかります。

実際のところ、無限なるものを再び見つける方法を考え出せる個としての「私」など存在しません。さらに重要なことなのですが、そもそも無限なるものがどこへ行くというのでしょうか。ここで話しているのは、どこかへ隠れることができるものについてではありません。物事をそれ以上でもそれ以下でもなく、あるがままに見ることができれば、それを見ている「あなた」こそが広大さなのだとわかるでしょう。

禅宗などを含むスピリチュアルな教えと同様に、心理療法でも「キャラクターワーク」を行います。キャラクターワークは、物事をただあるがままに見ないことによって生じる落とし穴に人を導きます。人はさまざまな考えを真実だと思いたがるものですが、その思いこみに惑わされなければ、くつろいだ状態が自然に起こります。このくつろぎは「キャラクターワーク」と真逆のものです。キャラクターワークは、人がキャラクターに取り組めばどうなるかについて、明確な見解を示しています。キャラクターワークの世界に足を踏み入れると、未来という名の迷宮に招待されます。目的地に連れて行ってくれる「私」がいる前提で目的地を目指しても、そこにたどり着くのは本来的に不可能です。キャラクターワークはその間違った思いこみに基づいて行われます。すなわち、この人生劇場で演じる個々の行為者がいて、その行為者がよりよい「私」になるよう自分を訓練できるという思いこみです。

心理学者として働くことから得られたのは、人間の苦しみを描く劇場の最前列席に座っている感覚です。伝統的な心理療法は、いくつかの原則に基づいています。その原則は、人間の経験をおしなべて病的なものと見なし、「人の経験はこうあるべき」という具体的な考えにどれだけ素直に従っているかを判断の基準にします。たとえば、満足できる人生を送るためには、人生経験のさまざまな側面に「取り組んだり」、「向き合ったり」、それを「手放したり」、それと「折り合いをつけたり」、それから「解放されたり」すべきだと学びます。そして「感情に触れたり」、「自分を見つけたり」、「本当に望んでいることを得るためには、本当に望んでいることを知ったり」、「他人に利用されないよう気をつけたり」、「心の声を聞いたり」しなければならないと教わるのです。しかし広大さの視点で考えれば、こうしたすべての考えは、それ以上でもそれ以下でもなく、単なる考えでしかありません。それらの考えを真実だと勘違いしてはいけません。

広大さの春の時代が到来してからというもの、私のもとに来るクライアントとの心理療法は徹底的に変わりました。それはもう、自分の仕事を心理療法と言えなくなるほどの変化です。なぜなら、私のやり方は心理学論や心理学的介入の標準的な原則にはまったく従っていないからです。私が人々のために定めている目標は、自由——完全な自由です。彼らに感じ方を変えてもらったり、幼少時代のトラウマに取り組んでもらったり、症状の進行を阻止してもらったりしようとは思いません。私は彼らに物事をありのままに見てもらって、そうすることで自由になってほしいのです。

私がまずクライアントに訊くのは、自分のことをどう思っているかについてです。そうすると、彼らは自分について周囲から言われてきた意見、人に言われたから真実だと思っている意見の一つ一つを探求することになります。私たちは幼少の頃から、どのような人間になるべきか、明確な人物像を自分の社会文化から与えられます。そして私たちの多くは、その人物像を目指すという大きな課題に全力で取り組むことになるのです。

私がセラピーを行ったクライアント全員が、以下のことに気づきました。それは、彼らは推論によって受け取った情報をもとに自分の「アイデンティティ」を築いてきた、ということです。周囲の人が自分のことをどう言ってきたか、どう扱ってきたかに基づいて、彼らは自分がどういう人間かを推論していました。つまり自分について周囲から得た情報を解釈し、それに基づいて自分像を築いていたのです。たとえば、父に無視されたから、自分は愛されない、つまらない人間なのだと解釈したり、母にいつも怠け者と言われていたから、自分は本当に怠け者だと解釈したりして、自分像を築くというわけです。

これらの人物像は、マインド内だけではなく多方面で存在しています。個としての基点は、感情面、肉体面、エネルギー面でも生まれます。自分のことをどう思うか、その感覚の基準となる基点の数々は一見すると複雑に思われますが、実はすべてが同じように作用しています――すなわち、すべての基点は真実ではないのに真実としてまかりとおっているのです。マインド内では、考えや意見が本当の自分としてまかりとおっています。感情面では感情が、肉体面では感覚が、エネルギー面ではエネルギー周波やパターンが、本当の自分としてまかりとおっているというわけです。

近代心理学の世界では「本当の自分」と「偽りの自分」を見極めることを勧めて、こうしたごまかしを実証するのです。本当の考えと偽りの考え、本当の感情と偽りの感情、本当の感覚と偽りの感覚、挙げ句の果てには本当のエネルギー周波と偽りのエネルギー周波を見極める……しかし、一体誰が本物と偽りを見極めるというのでしょうか。そして誰にとって本物、あるいは偽物だというのでしょう。考えや感情、感覚、エネルギー波動は、想像上の誰かに関するなにかではありません――それらは、あるがままに存在しているだけです。

「本当の自分」に関する考えに直面すると、通常はネガティブな考えの方が真実だと思われるため、ますます厄介です。なにしろ、ネガティブな考えの方が説得力があり、深遠に思えるものです。ポジティブな考えは薄っぺらく、その場限りのものと見なされますが、ネガティブな考えときたら！　ネガティブな考えが起こると、私たちは真実に直面していると本当に思いこんでしまうのです。

西洋のセラピー文化において、人との関わり合いは多くの場合、問題（悩み）を分かち合うことに基づいています。自分の人生における困難を話したがらない人は、「心を閉ざしている」「距離がある」「信頼できない」などと言われます。自分の問題を話す人は、自分のことを隠していないと思われるのです。

このようにネガティブなことを過大評価するのは、私たちの文化においてはよくあることです。オフィスでクライアントの話を聞いていると、そのほぼ全員が自分に関するネガティブなことを真実だと信じています。自分の根本にはあさましい部分がある、自分は性根が腐っている、自分はいつもネガティブな状態に戻ってしまう、などと信じこんでいるのです。人は自分がもっとも恐れていることを真実だと考え、誰もその恐れはただの恐れでしかないなどと指摘してくれません。

私たちの文化は何でもかんでも心理学的に分析して、人間の経験を病的なものと見なしてきましたが、それもまた真実でないことを真実と見せかけるという点で恐ろしいことです。

私たちは心理学的に分析されて、特定の経験しか容認できないと信じるようになりました。自分の経験にレッテルを貼られて、それに嫌悪を抱くようになったのです。しかし広大さは徹底して何事をも病的だとは見なしません。なぜなら、広大さはどんなものでも間違っているものとして受け止められないからです。

容認されるためには、自分の経験の特定の要素を取り除くべきだと考えるのはおかしな話です。先述したように、周囲に海藻が浮かんでいたら海とは言えない、と海が主張するようなものです。海は海なので、何かが浮かんでいたとしても海以外にはなりえません。私たちは広大さであり、私たちはすべてを――すなわち思考や感情、感覚、好み、恐れ、考え、帰属意識でさえをも含んでいます。どこかへ行くべきものなどありません。そもそも、どこへ行けるというのでしょう。

治癒を目指す心理学の指導が示唆しているのは、特定の思考や感情があれば、それはその人が好ましくない印であるということです。気づきや超越を目指すスピリチュアルな教えが示唆しているのは、特定の思考や感情があれば、それはスピリチュアルな成長を妨げるということです。彼らの言い分は、「混乱や恐れ、怒り、悲しみなどを経験していながら、どうして広大さになれるのでしょう」というものです。しかし思考や感情の存在は、ただそこに思考や感情が在ることを意味しているだけです。それなのに、私たちは自分の経験が本来の自分に関して何らかの意味を持っている（それも、大抵はネガティブな意味を持っている）、と解釈します。この解釈が真実だと見なされる時、それは苦しみを生みます。しかし解釈は解釈でしかないと理解されれば、それは問題を生みません――その解釈もまた、広大さの中に在るだけだからです。

ここで注意すべきは、「物事をあるがままに見る」ことを、マインドが好ましくないと考える感情や精神状態を取り除くためのテクニックとして見なさないことです。どのような経験の存在も、あなたが広大さでないなどと示すものではありません。ですから、どのような経験も取り除く必要などないのです。苦しみが起こるのは特定の環境や経験があるからではなく、マインドがそれを苦しみだと解釈するからです。

私が物事をあるがままに見ることについて話すと、話を聞いた人たちはよく必死になってその「テクニック」を習得しようとし、結果、見たものが頭から離れないので、テクニック習得に失敗したと決めつけます。しかし広大さは自身からなにかを取り除くことを目的としていません。本来の私たちそのものである広大さは、決して苦しまないのです。ですから、苦しみを終わらせるために何かを取り除きたいなどとは望みません。

人間の生命の目的が明らかになりました。広大さが人間の回路を生み出したのは、その回路がなければできないような自身の経験を、自らの力で体験したかったからです。私たちすべてを成している実体は、人間であることを介して、自らを愛する機会を得ます――そして、この無限なるものの自らに向けた愛は、荘厳たるものです。「愛」「至福」「恍惚」といった言葉は、これらの回路を通して得られる、無限なるものの自らに向けた称賛の思いの大きさを語る上では、初めの一歩の言葉でしかありません。

私たちはみな一つです。私たちはみな同じ無限なるものの実体であり、多くの回路が意識的にこの無限なるものを同時に共有すれば、無限なるものが自らのために体験する愛の大きさも飛躍的に向上するでしょう。これが、コミュニティと呼ばれてきたものの持つパワーです。無限なるものが自らの内で終わることなく上昇している一方で、無限なるものの驚異、愛、恍惚、至福も常に高まっています。広がり続ける広大さには終わりがなく、広大さは自らの内で波打ち、自らの力で自らに向けた恍惚とする愛を高めています。

この人生は今、無限なるものが永遠の内に宿るものと認識された状態で進んでいます。これは言葉では表せない非体験でありながら、無限なるものが自らに自らを見せるやり方でもあるのです。

そこには始まりがなかったように、終わりもありません。私が今「バス停での衝撃」と呼んでいる出来事はいつも起こっていて、そうした出来事のさなかで無限なるものは拡大し続けています。広大さの実体はあらゆる瞬間に自らを知覚していますが、その知覚の仕方はあまりにもダイレクトなため、さらなる無限意識に慣れるために、回路が調整を必要とする時もあります。あなたは誰かと訊かれた時に返しうる唯一の答えは、「私は無限なるもの。万物の実体である広大さ」です。私は誰でもないと同時に、あらゆる人でもあります。無であると同時に有でもある――それはあなたも一緒です。

エピローグ　広大さとの会話

瞑想すべき対象など存在しない
それゆえ瞑想も存在しない
堕落する場所など存在しない
それゆえ堕落も存在しない
徹底的な修行は多種多様に在るが
真なる状態にあるマインドにとって
それらの修行は存在しない
修行と修行者という二つのものは存在しない
それゆえ修行する者あるいはしない者によって
修行者が存在しないように見えるのならば
修行の目的は果たされ

修行そのものが終了していることになる

――パドマサンバヴァ

質問：修行をする行為者が存在しないため、いかなる修行もお勧めできないと仰っしゃいますが、あなたのようにバス停での出来事を体験したことがない私たちは、何をすればよいのでしょうか。

返答：現在も過去も行為者であった、非局在的な行為者によって行われることなら、どんなことでも行われています。活動が行われるためには何々をすべきだと決断する「人」はいません。スピリチュアルな修行が存在しないと言っているわけではないのです。ただ修行者がいないだけです。修行の成果を得るためには、その修業を行う誰かが必要だという考えのもとに修行が行われるのなら、分離した個々の「私」がいるという思いこみはなくなるどころか強くなるでしょう。

すべてのものの奥にいる非局在的な行為者は、明白な方法（わかりきった、当然のやり方）で自らを見せます。瞑想するのが当然のことなら、瞑想をするでしょう。政治的な活動をするのが当然のことなら、政治的活動をするでしょう。人生を価値あるものにするために特定の生き方をすべき誰かなど存在しません。思考や感情、行動、出来事などが属する誰かなどいないのです。それはあるがままに存在し、今も過去もずっとそうでした。それは荘厳なことです。

樹や花、山、海などの自然に目をやると、私たちはこの荘厳なるものを体験します。「美しいですね」と、私たちは自然を見て言います。自然の奥に局在的な行為者がいないことは、簡単にわかります――自然が属する誰かなどいません。それなのに人は、自分が自然から分離していると感じる傾向があります。自然の神秘が荘厳たるものであると認識はしているのに、自身の人生は物事を起こしている誰かの人生だと思うのです。何らかの出来事が起こると、この幻の誰かにまつわる出来事だと解釈し、また別の出来事が起これば、そこにまた何らかの意味があると解釈します。そうしてセラピーを受けては自分を変えようとするのです――よりよい人間になって、よりよい人生を送るために。

しかしこの回路にとって、万人万物が広大さであることは明らかです。作り上げられた「私」を別の回路が見せて、それが本当の「私」だとなりすまそうとしても、それはたちまちありのままに受け止められます――さまざまな考えや感情、身体感覚としてです。他の物事と同様に、ただそこに在る作り上げられたものでしかありません。

スピリチュアルな修養の多くには、今いる場所とは違うどこかへ行く必要があるという信念がありますーー気づきや悟りと呼ばれる境地に達するべきだという信念です。しかし、気づきはどこか別の場所を示しているわけではありません。気づきとは、自然に起こっている人間の状態なのです。そして、気づきは誰か特定の人のものでもありません。気づきとは、私たちすべてのことを指しているのです。スピリチュアルな修養は、その状態がどのようなものか多くのイメージを築き上げます。たとえば私がどれほどの恐怖心が存在しているか説明した時、恐怖心は正すべき何かが存在していることを意味しているのだ、と人々に言われました。私が正しい状態にないことを恐怖心が示していると言うのです。しかし恐怖心は恐怖心でしかありません。あるがままの私たちである広大さの中に、恐怖心も存在しているだけなのです。

質問：特定の行動や方向を選ぶ経験とは、どういうことなのですか。

返答：その瞬間その瞬間の経験とは、選択のない人生のことです。なぜなら選択する人はいないからです。思考や感情、あるいは問題を解決しようという試みがあって行動が起こるのではありません。すべてが瞬時に起こっています。選択のない人生とは、その瞬間その瞬間のやり方で明らかなこと（なすべきこと）を体験するということです。

もちろん、多くの人生において、選択をしている「私」がいる感覚があり、その選択に基づいて特定の行動が起こっているような気がするものです。誰が選択しているのか、誤った選択に対する正しい選択を成すのはなにか、さまざまな考えがあります。そうした考えの数々は、作り上げられた基点の領域と私が呼んでいるものを築いていきます。広大さの視点ではなく、この基点の視点を通すと、選択できる行動には限界があるようにマインドには思われます。しかし実際のところ選択肢は無限です。選択肢には限界があると思ったマインドは、選択した行動を順当なものだと考え、「自分がやった」と言います。その行動は、誰それの仕業であるかのように見えるでしょう。しかし、その行動が誰かの行動に見えるからといって、どのような行動にもそれを行っている個としての行為者はいない、という事実は変わりません。一連のプロセスがあまりにも無限でつかめないものであるため、マインドはそれを理解しようとして「選択した」という考えを生み出すのです。

質問：今のご説明をふまえて、この質疑応答をしていることについてコメントをお願いします。

返答：自然に起こっている状態がどのようなものか、さまざまなイメージがあります。この人生はそれらのイメージのどれにも当てはまらないように、広大さが養成しているように思われます。だって私はバス停で待っていただけなのですから！　私があの体験を起こす何かをしていただなんて言えないですよね。この人生はただの表現者であり、それが見る物事の一つに「自然に起こっている状態は誰にも属していない」ことが挙げられます。この状態は、誰かから得られるものではありません。それは万人のことです。ここでもっとも大きく響き渡っているのは、私たちすべてである無限なる海の音なのです。

質問：これはマインドでつかめるものではないということですが、その状態に生きている特定のティーチャーたちは、その状態を他者に伝染させられると聞いたことがあります。あなたの場合はその状態を現代のティーチャーから得たわけではないですが、一人の人間がその状態を誰かに伝染させることができると思いますか。

返答：状態を伝染させるというこの考えは、その状態が誰かに属していて、それを他の誰かに与えられるということを示唆しています。でもそれは、広大さが自らの力で自らを知覚するやり方とは大きく違います。広大さは既に在る私たちのことなのです。一体どのように状態を伝染させられるというのでしょう。この回路が知覚できるのは、万物そのものである広大さだけです。すべての回路が広大さとしてのみ認識されれば、その体験の最前列に広大さを見いだせるかもしれません。

質問：あなたの言う広大さは、愛や光として知覚されるのですか？

返答：私が今から説明しようとしていることは「つかめないもの」だと、マインドは知る必要があります。広大さは、自らの粒子すべての内で同時に、それもあらゆる場所であらゆる瞬間に自らの力で自らを知覚しています。これが私の言う無限なるものの感覚器官のことなのです。そこには何らかの特色や趣などありません——それはただ、自らを知覚しているだけなのです。

この回路はバス停で、自らを自らの力で常に知覚している広大さの感覚器官を意識的に共有するよう追い込まれました。この回路が広大さの感覚器官を意識的に共有しはじめた瞬間、広大さはある種の趣を帯びます。私が今目にするものが個人的なもののように見えるのは表面上のことだけなので、それを個人的な言葉で表現することはできません。光や愛というよりも、私なら波動と表現するでしょう——広大さの波動です。たとえば、湯船に浸かってじっとしていると、お湯の熱さを感じません。けれども身動きするやいなや、熱さが感じられます。同じく、私が波動と呼んでいるものを通して広大さが自らを体験する機会を、人間の回路が広大さに与えているというわけです。

マインドはこれを理解（つかむことが）できません。でもあなたの本質はそれを常につかんでいるのです。広大さが自らをつかむために誰かが存在する必要はありません。それは、あなたの本質として捉えられているものすべてと同時に起こっています。それを愛と呼びたいのならそう呼べばいいと思いますが、個としての自己に属する愛と混同されないようにしてほしいと思います。

確かに広大さは、自身を体験することに喜びを見いだします。実際のところ、この喜びは人間の人生の目的のように思われます――広大さを成している感覚器官を、人間の回路が意識的に共有する喜びです。なんと言っても、それが私たちなのですから。これは知覚認識できる範疇にないことなので、ヴィジュアルイメージが浮かぶように説明するのは難しいです。私が言えるのは、ある基点にとって「重要性や意義にあふれている」と通常は捉えられている有形のものすべてが空っぽに見えるということです。砂の上に引かれた線のようなものです。線の内外にあるものも線自体も、同じ砂でできているからです。

質問：それが自分に起こるのを早めるためにできることはありますか？　それともそれが起

こるのは恩寵なのでしょうか。

返答：広大さになれるよう何々をしなさいと、私が指示できるような相手はいません。広大さはこれまでも、そしてずっとあなたそのものなのですから。なにか特定の修行をしなさいと指導することは、基点があることを前提にしていますが、広大さの観点からすれば、その基点は存在しません。あなたが既にいる場所に到達するために、誰が何をすべきかという疑問は、辻褄の合わない質問に思われます。

それが恩寵によって起こるのかどうかという質問に関しては、わかりません。私はただバス停に立っていただけなのですから。このことに関しては、すべてが謎に満ちています。これを起こすために自分ができる最大のことを信頼しよう、受け入れよう、ゆだねようとした人などいませんでした。私自身、それを望んですらいなかったのです。何をすべきかという質問にお答えすれば、それは行為者として見なされる誰かを示すことになるので、私にはなにも言えません。非局在的な行為者というものが、限りなく謎に満ちたやり方で常に万事を取り計らっているのです。

この世界を見てください。樹々や雲、数々の惑星や星々は、それぞれが存在するためにマインドがそれらを思いついてくれるまで待っていると思いますか？　肉体は妊娠する前に、胎児が育つ方法をマインドが思いついてくれるまで待つでしょうか。「どうやって脳を作ろう？　心臓はどこに配置しよう？　そろそろ血液を流した方がいいかな」などと、マインドは考えるでしょうか。そうしたことすべては、マインドの知覚能力からかけ離れたものが取り計らっているため、信頼するしないといったことは問題にもなりません。

ですから、私が提案するのは二つだけです。一つ目は物事をあるがままに見ること。なぜなら、それが広大さが物事を常に見ているやり方だからです。思考は思考。感情は感情。肉体は肉体でしかありません。苦しみを生み出してしまうのは、マインドの物事への解釈です――そこに問題があるという感覚、不安や怒りや悲しみがあるということは、自分になにか問題があるのだという感覚、特定の感情や経験をなくさなければ、正常になれないという感覚、無限なるものになるためには特別な修行をしたりなにかを達成したりしなければならないという感覚。このように、マインドは、常になにかを解釈しています。しかし広大さは、ただあたりを見回して物事をあるがままに見るのです。

二つ目の提案は提案とは言えないものですが、わかりきったこと、明らかなことに従う、ということです。それが万人の奥にいる謎の行為者が、あらゆる瞬間に真理を明かしているやり方だからです。「わかりきったこと、明らかなこと」とはなんだろうと考えて従いなさいと言っているわけではありません。マインドは通常、わかりきったことや明らかなことを知覚しません。それにマインドは知覚できないものを過小評価する傾向があります。「そんなのわかりきっているじゃないか」という表現がありますよね。複雑な話でも痛みを伴う話でもありません。ところが、マインドは複雑なことや苦しみに惹かれるものです。それがマインドの範疇なのです。

質問：「わかりきったこと」のように思えることを行う時、マインドに微妙に惑わされて、「わかりきったこと」をしている気になることはないでしょうか。自分がマインドにそのように惑わされていないかどうか、どのように知るのですか。

返答：あなたが仰っているのは、マインドが基点を作っているのではないかということですね。マインドは基点を作り出して、自らの基準に則って、真にわかりきったことを調べようとします。「自分がわかりきったことに従っているかどうか、どのようにして知るのだろう。これは本当にわかりきったことだろうか、それとも偽のわかりきったことだろうか。本当にわかりきったことを見つけてから、それに従うことにしよう」と、マインドは考えるわけです。しかしマインドはわかりきったことを識別できません。そして私たち全員を含む広大さは、マインドをあるがままに見て、マインドがすることをそっくりそのまま行っているのです。

質問：わかりきったことを調べようとしている自覚はありません。私は自分の直感が「わかりきったことだ」と告げている行為をせざるを得ないように感じて、その瞬間はとても自然で素直な気持ちになります。でも、自分が操られていることがわかるのです。

返答：マインドがいかに「真実を知覚する者」と思われてしまうかについて仰っているのですね。でもわかりきったことは、マインドに知覚してもらうのを待ったりしません。一方のマインドは無視されるのを嫌いますから、そのわかりきったことが正しい行為か間違った行為かを疑うのです。先ほどの行為はわかりきったことだっただろうか、それとも自分は騙されたのだろうか、と。これはいかにもマインドらしいやり方で、つかめないものに反応しているわけです。広大さはマインドが変わるべきだなどと望みません。広大さは、ただマインドをあるがままに見ています。そこに問題はありません。ただ、何が本当にわかりきったことかを知る前に、マインドが投げかける疑いを真実だと解釈した時――あるいは、その疑いを解決すべき問題として解釈した時、苦しみが起こるのです。

質問：あなたが今お話になっているのは、より広大で普遍的なマインドのことではないのですか？　マインドを無視すべきではないと思うのですが。

返答：マインドはあるがままに見られるべきです。他の物事と同じく、マインドも無限なるものと同じ実体でできています。広大さは無限なるマインドであるとも言えますが、それは広大さは無限なる肉体である、広大さは無限なる感情である、と言うのと同じことです。なぜわざわざ無限なるマインドと言うのか。マインドは無限だと言えばいいですよね、無限なるものはマインドをあるがままに見ているのですから。

マインドを過小評価すべきだと言っているわけではありません。広大さはマインドを問題視していませんし、何らかの形で変えるべき問題がある徴候としてマインドを見ているわけでもありません。マインドはそこに在り、同じ実体でできているというだけです。西洋では、マインドをあるがままに見ることが重要です。なぜなら西洋では、マインドが主導権を握るよう、そして基点を作って維持するよう訓練されているからです。

質問：ご自身の体験を経てから、何に惹かれて心理療法士になられたのですか？

返答：この回路を通しての広大さの使命の一つは、心理療法士に手を貸すことだと思われたからです。苦しみを終わらせる手助けをする仕事に就いている人たちに、この体験を伝えたかったので、療法士のグループを対象にトレーニングを始めました。私たちはどのように在るべきか、どのような状態が健康的あるいは不健康かなどについて、さまざまな固定観念があります。心理療法士の仕事は、物事をあるがままに見ることをサポートするのではなく、人間の幅広い経験の数々を病気と見なす診断マニュアルを作り上げてきました。起こることすべてを心理的な意味合いがあるように解釈して、特定の物事を好ましくないもの——異常なもの、機能不全なもの——として見なし、「ヒーリング」「治癒」を起こすためには、その好ましくないものを取り除く必要があると考えるのです。でも誰がそれを取り除くというのでしょうか。なぜ取り除くのでしょう。広大さは何かを取り除いてほしいなどと頼みません。どんな思考、感情、行動が在っても、それは無限なるものの無限性に一秒たりとも影響を与えません。

質問：苦しみについてはどう思われますか。不要な苦しみもあるのでしょうか。それとも、苦しみも他の物事と同様に完璧なものなのでしょうか。

返答：何かがあるがままに解釈されなかった時に、苦しみは起こります。ネガティブな基点やネガティブな自己イメージを真実だと考えることは、西洋ではよくあることです。ネガティブなことは、他のどんなことよりも真実味があって、深いと思われるのです。人は自分の問題や悩みを他者と共有する時、お互いをよく知ったような気になります。ネガティブなことを美化していると強烈なパワーが生じます。

ネガティブな考えや信念や感情があるがままに受け止められれば、そこに苦しみはありません。しかしそうした考えや信念や感情イコール自分だと受け止めると、自分には非常におかしな点があるという感覚に陥り、そのネガティブなものを変えて自分から取り除かなければ、自分の人生は受け入れられないと考えるのです。これを私は冒頭陳述と呼んでいるのですが、まずネガティブな基点の数々を積み上げ、それらを活用して、そのネガティブなことが真実であると示す証拠を挙げるというわけです。

人は私に言います、「だってそれが私なのですから。私の行動、感情、思考を見てくださいよ、私にはどこかおかしな点があるのは明らかでしょう」と。彼らは自分の言い分が正しいことを証明しようとして、それまでに相談した療法士や読んだ本を挙げることさえあります。「ね、ふつうの人はこのように振る舞うものだとこの著者は言っているけど、私はそんなふうに振る舞わないし、以前に相談した療法士は健康的な振る舞い、スピリチュアルな振る舞いについて話していたけど、私はそのように振る舞わないのですよ！」と。

合気道では、相手が攻撃してきた時、あなたは相手の勢いを利用して、相手のバランスを崩すのだと教わります。相手に抵抗しようとすれば、不要な対立が生じるわけです。私たちが構成している海において起こる思考や感情や経験についても同じことが言えます。海はそれらに抵抗しません。海は決してネガティブな基点など生み出さず、「ちくしょう、あの海藻がまだそこに在るじゃないか。自分にはどこかおかしい点があるに違いない」などと言ったりもしません。そうした思考や感情や経験が起これば、海はそれらをあるがままに見て、それらも自然に流れていくでしょう。

この質疑応答は、一九九六年の春に行われた講演からの抜粋です。

謝辞

この人生で無限なるものが明らかになる中、その神秘的な機能において何らかの役割を果たしてくれた人たちに感謝を捧げます。本書を生み出す上で重要な役割を果たしてくれた方々がたくさんいます。

この生命を授けてくれた両親のリサ・シガールとマイロン・シガール。家族の一員としてこの人生に参加してくれた兄のダニエルと弟のロバート。超越フィールドを教えてくれたマハリシ・マヘーシュ・ヨーギー。菩提樹の代わりにバス停を提供してくれたパリの公共交通機関。広大さを治療しようとして失敗に終わった心理療法士の方々。冬の時代を支えてくれ、アリエルの父親になってくれたスティーブン・クルジンスキー。

広大さが冬の時代を表現する中、広大さの存在を認識させてくれたジャン・クライン、ジャック・コーンフィールド、クリストファー・ティットムス、アンドリュー・コーエン、ガンガジ、ハメド・アリ、レブ・アンダーソン、プンジャジ、ラムダス、ジョン・タラント。ラマナ・マハルシは季節の変わり目に居合わせてくれました。

春の時代の到来に伴い、以下の方々は広大さの仲間として現れてくれました。広大さの秘密を明かし、優秀な編集者で、友人としても助けてくれたステファン・ボディアン。熱意あふれるマイケル・バトライナー。より大きなコミュニティを引き連れて、自分たちの認識を教えてくれたリチャード・ミラー、ジョン・プレンダーガスト、ジュディス・シャイナ、エリオット・アイゼンバーグ、ピーター・スカーズデール、リラ・ランドマン、クリシュナ。広大さの中で仲間になってくれたニール・ルパ。プライベートセッションや小さな集まり、議論の中で広大さの表現を共有してくれた人たち。

そして、無限なるものの中に生まれてくれたアリエルへ。

あとがき

この類まれな自伝が完成したのは一九九六年の春で、スザンヌはその頃にはもう、定期的な講演や週に一度の対話を行っていました。隔週でセラピスト対象の「トレーニング・グループ」も指導し、人々に対応するユニークな方法を実演していました。彼女はエネルギーにあふれ、燦然《さんぜん》と輝く無償の愛を放っていたため、人々はまるで磁石のように彼女に引き寄せられました。しかし、彼女は自身をティーチャーと考えたことは一度もなく、「私たちは皆、同じ参加者です」と、言っていました――彼女はダイレクトに広大さを経験し、それを詳細に述べていましたが、私たち全員がその広大さだと主張していたのです。それでもなお、彼女の身近な人たちは、彼女のそばにいると自分の広大さの体験がより深く、明瞭になることに頻繁に気づいていました。

春の終わり頃、スザンヌは強烈なエネルギーを何度も体験しはじめました。彼女の言葉によると、「広大さが自らに対してよりさらに広大になった」そうです。彼女は笑いながらその体験を「バス停での衝撃」と呼んでいました（彼女の最初の目覚めがバス停で起こったからです）。それらの体験に最初は陶然としていましたが、やがて彼女はそれらに悩まされるようになり、とりわけ強烈な衝撃があった時は、よく休まなくてはならなくなっていました。それと同時に、「他者」の考えがますますわからなくなっていることに気づきました――ですから、彼女のセラピスト・グループは、広大さの「表現」を共有するいい機会になりました。

まもなく「バス停での衝撃」が頻繁に起こるようになりました。夏が終わる頃には、スザンヌは肉体的に疲れ果てていることに気づき、回復するためには人前に立つことを一時的にやめなければなりませんでした。医師たちに診てもらうと、彼女の生命力が激減しているという意見で一致し、ホルモン剤と活力回復のためのサプリメントが処方されました。さらにその頃、数年前に消えていた恐怖心が戻ってきたことにも気づきました。

スザンヌは性急に講演や集まりをすべて取りやめ、セラピスト・グループの集まりだけをあと一か月間だけ続けました。グループの何人かは、スザンヌが広大さとの繋がりを失い、その存在感も目に見えて弱まっているように思いました。ある時、彼女は椅子から立ち上がって、床に座っていた人たちに加わりました。それは、彼女のガイドとしての役割、洞察を与える役割が放棄されたことを象徴しているようでした。友人たちはスザンヌと電話で話したり、砂浜を一緒に散歩したりと、かつては気軽に交流できていたのですが、彼女はほとんど全員との関係を断ち切り、事実上、隔絶した生活に引きこもるようになりました。

その秋はほぼずっと家で過ごし、顔を合わすのは家族だけで、たまに海辺を散歩したり、その住まいがあるカリフォルニア州スティンソン・ビーチのボリナス・ラグーンをパティオに座って眺めたりしていました。ちょうどその頃、彼女は幼い頃に虐待されていた記憶を取り戻しました。彼女は自分がすべてであると気づきを得る前の、孤独な十年間で経験した恐怖心の一部は、その虐待の記憶によって説明できるように思いました。彼女の恐怖心は、分裂した自身の一部、つまり意識的な気づきと分離した自身の一部に起因しているのかもしれないと私が言うと、彼女はすぐに同意しました。

ある時、スザンヌが興奮して電話をかけてきて、自分が本当に存在していることに最近気づいたと話しました——不変の自己は存在しないと説いていたスピリチュアル・ティーチャーは全員間違っていたのだと主張しました。私は「自己を持たない」ことと「存在しないこと」の違いを説明し続ける彼女に一時間つき合いました。

この時期スザンヌは、広大さとして自身を体験することから離れたり戻ったりしていたようです。彼女はたまに神のことを話し、浜辺を散歩している時に一度、天使を見たことを話していました。ある時点で彼女は、子ども時代のことを受け入れる辛いプロセスと、自分の感情から自分を守る防御手段として広大さを利用したことがあると認めました。

一九九七年になってからの数か月、スザンヌは広大さとの繋がりがどんどん弱まっていると感じ、ますます混乱していました――新しい洞察を次々に得ていることが原因のようでした。「人として生まれてくるって本当にすごいことだと思わない？」と、彼女はよく自分に話しかけるかのように思いふけっていました。彼女の身近にいる私たちは、彼女の統合を心待ちにしていました。その長引くプロセスで、彼女は自分が誰かであると同時に誰でもないことを学びつつありました。しかし、その統合が起こるのを彼女の健康状態が許しませんでした。

二月の終わり頃、スザンヌはペンを握ったり、身近な人たちの名前を思い出したり、ふらつかずに立っていたりすることが困難になりました。カイロプラクターに促されたスザンヌは、二月二十七日に病院に行き、レントゲンで脳腫瘍があることが判明しました。彼女は手術で腫瘍を切除することにしましたが、放射線治療や化学療法はしないことにしました。一週間後、手術が行われましたが、腫瘍は完全に除去するには広がりすぎていました。スザンヌは三月八日に帰宅し、十日に婚約者のスティーブ・クルジンスキーと自宅で小さな結婚式を挙げました。それから間もなく、彼らは代替療法を求めてオクラホマに向かいました。しかしスザンヌの症状が再発したため、オクラホマ滞在は予定より早く切り上げることになりました。彼女は死ぬために帰宅したことがはっきりしました。

オクラホマから戻って数日後、スザンヌは昏睡状態に陥りました。身近な友人たち数人が毎日、彼女の家族を訪ねてスザンヌのそばに座り、別れを告げました。四月一日、火曜日の早朝、スザンヌ・シガールは亡くなりました。チベットの風習に従って、遺体は布に巻かれ、花に囲まれて、三日間安置されました。三日目に私たちは遺体のそばに集まり、彼女の母の希望で、地元のラビが伝統的ユダヤ式葬儀を執り行いました。

その週の土曜日、友人や親戚などおよそ百名が集まって、彼女の生涯をたたえ、彼女が私たちにもたらしてくれたギフトに感謝し、悲しみを分かち合いました。日没時、夫のスティーブと十四歳になっていた娘のアリエル、弟のボブが、春の冷たい海の中に入って、スザンヌの遺灰を空《くう》に向けてまきました。そこにいた何人かが、天使の姿が一瞬現れて、海に溶け込んでいくのを見たと言いました。

スザンヌの身近にいた私たちは、彼女の気づきの深さや真正を決して疑いませんでした。しかし彼女の命が終わりに近づくに従い、私たちは彼女の気づきが滑り落ちていくのを見ていることしかできませんでした。まるで手のひらの砂が指の間からこぼれ落ちていくように、スザンヌの気づきは焦燥感と混乱を残して滑り落ちていったのです。脳腫瘍がその混乱を引き起こす一因だったのは間違いありません。しかし他の要因もあったのだと思われます。とりわけ、虐待の記憶が蘇ったことと、それに続く洞察の数々も混乱の原因だったのでしょう。
スザンヌの生涯から私たちが学べるのは、統合の重要性です――パーソナル面とトランスパーソナル面、心理学面とスピリチュアル面の統合です。彼女の生涯はまた、分離（分離が起こると、精神のパーツが分裂します）と本物の永遠の気づきとの関係について問題提起しています。スザンヌは統合が起こる前に亡くなったため、私たちはそれを自分たちで発見する公案を残されました。

ステファン・ボディアン

一九九八年四月　カリフォルニア州フェアファックスにて

このあとがきにて述べた出来事の時系列を確認するための貴重な情報を与え、最終稿を見直してくれたニール・ルパとジョン・プレンダーガストに感謝を捧げます。

訳者あとがき

本書は、著者のスザンヌ・シガールがある日突然、無限なるもの（Infinite）と衝突して自己を失い、次第に【統一意識《ユニティ》】へと目覚めていく過程を描いた自伝です。

一九七〇年代、著者は当時、世間で注目を集めていた超越瞑想（ＴＭ）に傾倒し、瞑想中に超越フィールドを体験するようになりました。猛烈なエネルギーに翻弄されながら広大さと直面した著者は、その超越フィールドで無限に引きこまれる感覚を味わいます。それは耐えがたいほどの恐怖でしたが、著者はいつか悟りを開けることを夢見て、修行を続けました。しかし、やがてＴＭ協会への不信が募り、修行生活に終止符を打ちます。

いわゆる「俗世間」に戻った著者は、瞑想とは無縁の生活を送るようになりました。ところが、ある日バス停で得体の知れないフォースと衝突し、それまで「自分」だと思っていたもの一切が吹き飛ばされます。そして「目撃者」が頭上からすべてを意識している状態が続きました。それはTM協会の創始者マハリシの言う【宇宙意識】でしたが、当時の著者のマインドは未知の意識状態に混乱し、恍惚や至福をもたらさないそれが宇宙意識であるはずがないと判断します。

その後「目撃者」すら消えてしまった【神意識】に突入すると、マインドは「この無我状態は精神異常にちがいない」と戦々恐々とします。著者はマインドが苦悩する日々を詳述していますが、それは今後、同じような経験をするかもしれない人たち（読者）に、そうしたマインドの大混乱が起こりうることを知らせるのが本書を書いた理由の一つだからとのことです。

西洋では「私」というものに絶大なる信頼をおき、自分のアイデンティティは絶対的に必要なものだと考える傾向がある、と著者は述べていますが、それは現代の日本でも言えることで、「無我に気づいても平気」という人（マインド）は少ないのではないでしょうか。今まで「自分は＊＊だ」と思っていた概念（著者はそれを“personal reference point”と称し、本書では「個（人）としての基点」と訳しています）がすべて消え失せる体験は、少なからず驚きや不安を生じさせるだろうと想像します。そういった意味で、「自分」に重きを置く西洋社会に向けた手引書である本書が、日本でも有用なガイド本となることを願っています。

編集者あとがきでは、著者が【統一意識《ユニティ》】に移行した後、恐怖心が戻ってきて、広大さとのつながりが失われたとあります。著者の言葉を借りれば、その分離自体も「なるべくしてなった」ことで、広大さは、分離が起こったからといって「分離が起こるべきではなかったのに」などと文句は言わず、それもあるがままに見ているのでしょう。

終わりに、本書をご紹介くださったナチュラルスピリット社の今井社長、細やかにご配慮くださった編集の北野智子さん、本の制作スタッフの方々に感謝申し上げます。そして読者の皆さま、最後まで読んで頂きまして、ありがとうございます。

二〇二〇年十一月

采尾英理

【著者プロフィール】
スザンヌ・シガール　Suzanne Segal
1955年、アメリカ生まれ。大学生の頃にTM瞑想にはまるがその組織に疑問を持ち辞め、フランス人と結婚後の1982年にパリのバス停で突然、自己が抜け落ちる覚醒体験をする。その体験にとまどい10年間何人もの心理セラピストの元に通うが解決せず、非二元の教師たちに会うことにより、ようやく納得がいき、恐れから解放された。その後、執筆やミーティングを行い、ティーチャーとしても活躍した。1997年に他界。

【編集者プロフィール】
ステファン・ボディアン　Stephan Bodian
「School for Awakening」(「目覚めの学校」)の創始者及び校長として、30年以上にわたり目覚めへの直接的アプローチを教えてきた。近年は、カウンセリング、教育、執筆活動を通じて、他者の真実の炎を燃え立たせることに専念している。1974年に曹洞宗の僧侶として認可され、現代を代表する偉大なマスターたちのもとで修行を積んだ。一連の深まりゆく目覚めを体験した後、アジャシャンティから教師としての伝授を受ける。『ヨガ・ジャーナル』の元編集長で、ベストセラーとなったガイドブック『Meditation for Dummies』(未邦訳)の著者、『Buddhism for Dummies』(未邦訳)の共著者でもある。スピリチュアルな教師であるだけでなく、心理セラピストでもあり、この分野の先駆者として、時を超えた東洋の叡智と、西洋心理学の知恵を融合させてきた。目覚めの学校の年間コースや、集中コース、リトリート、電話カウンセリングについての詳細は、ウェブサイト(http://www.stephanbodian.org)を参照。邦訳に『今、目覚める』(ナチュラルスピリット刊)がある。

【訳者プロフィール】

采尾英理　Eri Uneo

同志社大学文学部卒業。訳書に『クリエイティング・マネー』、DVD『イエスの解放』、DVD ブック『マインドとの同一化から目覚め、プレゼンスに生きる』、『今だからわかること』などがある(いずれもナチュラルスピリット刊)。

無限との衝突

•

2020年11月16日　初版発行

著者／スザンヌ・シガール
訳者／采尾英理

編集／北野智子
DTP／山中 央

発行者／今井博揮
発行所／株式会社ナチュラルスピリット
〒101-0051 東京都千代田区神田神保町3-2　高橋ビル2階
TEL 03-6450-5938　FAX 03-6450-5978
E-mail　info@naturalspirit.co.jp
ホームページ　https://www.naturalspirit.co.jp/
印刷所／中央精版印刷株式会社

ISBN978-4-86451-352-4　C0010
落丁・乱丁の場合はお取り替えいたします。
定価はカバーに表示してあります。

●新しい時代の意識をひらく、ナチュラルスピリットの本

最初で最後の自由

J・クリシュナムルティ 著
飯尾順生 訳

J・クリシュナムルティの代表作の一つ！ 名著『自我の終焉』、新訳で待望の復刊！ 実在はあるがままを理解することの中にのみ見出すことができます。
定価 本体二三〇〇円＋税

存在し、存在しない、それが答えだ
To Be and not to be, that is the answer

ダグラス・E・ハーディング 著
髙木悠鼓 訳

徹底的な「実験」で、存在・非存在を極めることにより非二元（ノンデュアリティ）を体得する！ 簡単に試すことができる実験を重ねて、究極的な意識改革へと導かれる書。定価 本体二三〇〇円＋税

ダイレクト パス

グレッグ・グッド 著
古閑博丈 訳

ダイレクトパスによって、世界、身体、心、観照意識、非二元の認識を徹底的に実験する！ 論理的でわかりやすく書かれた「非二元」の本！
定価 本体二六〇〇円＋税

プレゼンス
第1巻／第2巻

ルパート・スパイラ 著
［第1巻］溝口あゆか 監修／みずさわすい 訳
［第2巻］高橋たまみ 訳

ノンデュアリティのティーチャーによる、深遠なる探求の書。今、最も重要な「プレゼンス」（今ここにあること）についての決定版。
定価 本体［第1巻二一〇〇円／第2巻二二〇〇円］＋税

誰が夢のバスを運転している？ DVD

ボリス＆クレア・ヤンシュ夫妻 制作

インサイト・フィルム・フェスティバル最優秀賞のドキュメンタリー作品。著名な覚者たちにインタビューする、スピリチュアルな探求の旅に出ます。
定価 本体三三〇〇円＋税

バタ足ノンデュアリティ

金森 将 著

「私はいない」はチャーハンづくりの中に隠されていた！ 元サーファー・現ケーキ店オーナーが軽妙に語ります。ノンデュアリティは自由への切符！
定価 本体一五〇〇円＋税

無力の道
アドヴァイタと12ステップから見た真実

ウェイン・リカーマン 著
阿納仁益 訳

私たちは無力だった！ 「アルコール依存症の人のための12のステップ」に基づきながら、「作者錯覚」と個人の無力を認識し、非二元の真実へと至る！
定価 本体一五〇〇円＋税

お近くの書店、インターネット書店、および小社でお求めになれます。